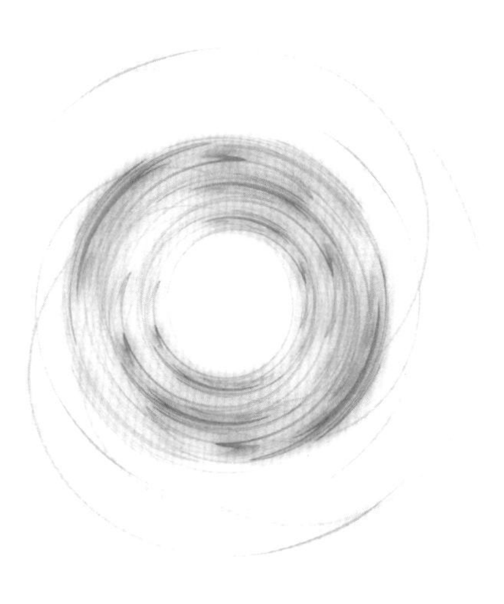

The Dream of the CREATOR-the-ONENESS

의식상승시리즈 17

창조주
하나님의 꿈

우 데 카 지음

• 차 례 •

2부. 창조주의 권능

3부. 대우주의 운영과 관리

4부. 지상으로 내려온 창조주 하나님 시스템

5부. 행성이 운영되는 원리

• 머리말 •

우주가 진화한다는 것이 갖는 의미

우주가 진화한다는 것은
창조주의 의식이 확장된다는 것을 의미합니다.
우주가 진화한다는 것은
창조주의 사고조절자가 확장되고
새롭게 탄생됨을 의미합니다.

우주가 진화한다는 것은
빛의 생명나무 시스템의 업그레이드를 말합니다.
우주가 진화한다는 것은
차원간 진화가 이루어진다는 것을 의미합니다.
우주가 진화한다는 것은
차원의 분화가 이루어짐을 말합니다.

우주가 진화한다는 것은
무극의 세계(17차원)에서
태양의 탄생과 행성의 탄생이
끊임없이 이루어지고 있음을 의미합니다.

우주가 진화한다는 것은
무극의 세계(16차원)에서
영혼이 끊임없이 탄생되고 있으며 창조되고 있음을 뜻합니다.
우주가 진화한다는 것은
무극과 태극의 세계에서
영혼의 물질 체험을 위한 영혼의 옷인 생명체들이
끊임없이 창조되고 있음을 의미합니다.

우주가 진화한다는 것은
보이지 않는 공의 세계의 우주 공학기술이
발전하고 있음을 뜻합니다.
우주가 진화한다는 것은
우주 함선들이 진화하고 있음을 의미합니다.
우주가 진화한다는 것은
하늘의 행정 시스템이 발전한다는 것을 의미합니다.

우주가 진화한다는 것은
에너지체들의 사고조절자가 업그레이드됨을 의미합니다.
우주가 진화한다는 것은
에너지체들의 의식의 확장과 전문화가 이루어지고 있음을 말합니다.
우주가 진화한다는 것은
우주의 전체의식 시스템이 확장되고 진화하고 있음을 의미합니다.

우주가 진화한다는 것은
우주가 팽창한다는 것을 말합니다.
우주가 진화한다는 것은
공간의 창조가 이루어지고 있음을 의미합니다.
우주가 진화한다는 것은
시간의 창조가 이루어지고 있음을 의미합니다.

우주가 진화한다는 것은
공의 세계를 지원하는 우주 공학기술들과
우주 공학 시스템들이 진화하고 있음을 말합니다.
우주가 진화한다는 것은
기의 세계를 지원하는 우주 공학기술들과
우주 공학 시스템들이 진화하고 있음을 말합니다.
우주가 진화한다는 것은
색의 세계를 지원하는 우주 공학기술들과
우주 공학 시스템들이 진화하고 있음을 의미합니다.

우주가 진화한다는 것은
생명의 순환을 의미합니다.
우주가 진화한다는 것은
원소들의 순환을 의미합니다.

우주가 진화한다는 것은
영혼이 진화한다는 것을 말합니다.
우주가 진화를 한다는 것은
생명의 탄생과 의식의 탄생이 이루어지고 있음을 뜻합니다.
우주가 진화한다는 것은
생명체들이 진화하고 있음을 말합니다.
우주가 진화한다는 것은
생명체들이 구현할 수 있는
감정의 층위와 의식의 층위가 다양화되고
진화한다는 것을 의미합니다.

우주가 진화한다는 것은
생명체들의 생명회로도가 진화한다는 것을 의미합니다.
우주가 진화한다는 것은
경락 시스템의 진화를 말합니다.
우주가 진화한다는 것은
세포의 진화를 말합니다.

2019년 4월
우데카

제1부

온전한 창조주 하나님

진공묘유에 계시는 온전한 창조주 하나님으로부터

우주가 처음 태동될 때 삼황이 탄생하였습니다.

천황인 창조근원과 지황인 근원의 근원과 인황인 모태근원이

선천의 시대에 셋으로 역할을 하다가

후천의 시대를 위해 온전한 창조주 하나님을 중심으로

다시 하나로 흡수 통합되었습니다.

日出東方　東方不敗

光出大韓　大韓在主

天主出世　光明理世

弘益人間　在世理化

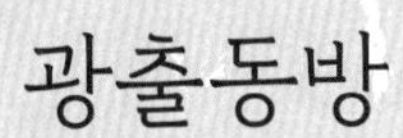

광출동방

해는 동쪽에서 뜨고 동방의 정신은 불패하며

빛은 대한에서 나오고 대한은 세상의 중심이라

창조주께서 출세하여 빛으로 세상을 다스리고

널리 인간을 이롭게 하여 세상을 이화세계로 만들것이라

천지인 삼황의 비밀

하늘의 시작은
온전한 창조주 하나님의 의식에서 시작되었습니다.

우주의 역사는 온전한 창조주 하나님의 의식에서 탄생한
공(空)의 세계를 주관하는 창조근원인 천황과
기(氣)의 세계를 주관하는 근원의 근원인 지황과
색(色)의 세계를 주관하는 모태근원인 인황의
삼황에 의해 시작되었습니다.

하늘의 시작과 함께 하늘이 땅으로 내려오는 계획이 시작되었습니다.
우주의 시작과 함께 온전한 창조주 하나님께서
땅으로 내려오는 계획이 시작되었습니다.

진공묘유(眞空妙有)의 세계에 계시는 온전한 창조주 하나님에 의해
천황(天皇)인 창조근원이 창조되었습니다.

진공묘유의 세계에 계시는 온전한 창조주 하나님에 의해
지황(地皇)인 근원의 근원이 창조되었습니다.

진공묘유의 세계에 계시는 온전한 창조주 하나님에 의해
인황(人皇)인 모태근원이 창조되었습니다.

온전한 창조주 하나님께서는
선천(先天)의 시대에 삼황을 통하여 대우주를 통치하셨습니다.

온전한 창조주 하나님으로부터 탄생한
삼황의 창조주 의식이 삼위일체 사상의 근본이 되었습니다.

창조근원에게는 공의 세계를 주관하는 임무가 주어졌습니다.
창조근원은 창조에 대한 업무를 주관하셨습니다.
창조근원은 천황팀을 주관하셨습니다.
창조근원은 유토피언들을 가장 많이 창조하였습니다.
창조근원의 빛의 파장은 흰빛입니다.

근원의 근원에게는 기의 세계를 주관하는 임무가 주어졌습니다.
근원의 근원에게는 차원의 문을 관리하는 역할이 주어졌습니다.
근원의 근원은 지황팀을 주관하셨습니다.

근원의 근원의 빛의 파장은 밝은 아이보리색입니다.
근원의 근원의 의식으로 탄생한 유토피언들이 함께 탄생되어
그 역할을 함께 수행하였습니다.
근원의 근원을 보좌하는 유토피언들의 수와 그 파워는
창조근원의 유토피언에 비해 작으며 약 16%에 해당됩니다.

모태근원에게는 색의 세계를 주관하는 임무가 주어졌습니다.
모태근원은 대우주의 모든 시스템들을
백업하는 역할이 주어졌습니다.

모태근원은 라파엘팀을 주관하셨습니다.
모태근원의 빛의 파장은 밝은 회색입니다.
모태근원의 의식으로 탄생한 약 18%에 해당되는 유토피언들과 함께
선천의 주기 동안 그 역할을 묵묵히 수행해 주었습니다.

원시반본이라
창조주 하나님의 의식에서 탄생한
창조근원과 근원의 근원과 모태근원의 의식이
창조주 하나님으로 돌아와 하나가 되었습니다.

제로 포인트의 시기에
삼황에 의해 탄생된 유토피언들이
온전한 창조주 하나님의 품으로 돌아와 하나가 되었습니다.

제로 포인트의 시기에
삼황의 의식과 삼황의 모든 시스템들과 유토피언들이
모두 온전한 창조주 하나님의 품으로 돌아왔습니다.

제로 포인트의 시기에
삼황이 운영하던 모든 시스템들이
온전한 창조주 하나님의 시스템으로 대체되었습니다.

제로 포인트의 시기에
선천의 시대를 통치하시던 3분의 근원들이
온전한 창조주 하나님으로 흡수 통합되었습니다.

그동안 대우주의 진화에 함께해주신
창조근원께 고마움과 감사함을 전합니다.

그동안 대우주의 진화와 함께해주신
근원의 근원께 고마움과 감사함을 전합니다.

그동안 대우주의 진화에 함께해주신
모태근원에게 고마움과 감사함을 전합니다.

당신들의 희생이 있었기에 대우주는 진화할 수 있었습니다.
당신들의 봉사가 있었기에 하늘이 땅으로 내려올 수 있었습니다.

온전한 창조주 하나님에 의해
하나님의 나라가 선포되었습니다.

온전한 창조주 하나님에 의해
하나님의 나라의 백성이 초청되었습니다.

온전한 창조주 하나님에 의해
지구 행성에서 대우주의 통치가 시작되었습니다.

양백진인의 실체

천황(天皇)을 상징하는 창조근원의 빛은 밝은 흰빛입니다.
지황(地皇)을 상징하는 근원의 근원의 빛은 아이보리색입니다.
인황(人皇)을 상징하는 모태근원의 빛은 밝은 회색입니다.

천황은 공(空)의 세계를 주관했던 선천의 창조주 의식입니다.
지황은 기(氣)의 세계를 주관했던 선천의 창조주 의식입니다.
인황은 색(色)의 세계를 주관했던 선천의 창조주 의식입니다.

삼황의 기원은 진공묘유(眞空妙有)의 세계에 있는
온전한 창조주 하나님입니다.
삼황의 기원은 태원(太元)의 시기부터 지금까지 존재하고 계시는
비로자나불입니다.

온전한 창조주 하나님께서 삼황을 통해 대우주를 운영하던
선천(先天)의 시대를 빛과 어둠의 양극성의 시대라 합니다.
온전한 창조주 하나님께서
육신의 옷을 입고 지구 행성에서 대우주를 운영하는 시기를
후천(後天)의 시대라 합니다.

온전한 창조주 하나님께서
육신의 옷을 입고 대우주를 직접 통치하기 위해

삼황의 창조주 의식들을 흡수 통합하는 과정이
제로 포인트 기간에 진행되었습니다.

양백은 두 개의 흰빛을 말합니다.
양백은 두 개의 창조주의 빛을 말합니다.
양백은 두 개의 창조주의 의식을 말합니다.

양백의 빛 중 하나는 태초부터 지금까지
대우주의 진화를 책임지고 있는
온전한 창조주 하나님의 밝은 흰빛을 말합니다.

양백의 빛 중 다른 하나는
육신의 옷을 입은 창조주의 몸에서 탄생한
순백색의 흰빛을 말합니다.

양백의 빛은 선천의 온전한 창조주 하나님의 밝은 흰빛과
후천의 시대를 열기 위해 육신의 옷을 입은 창조주 하나님의
몸에서 나오는 순백색의 빛을 합쳐서 양백의 빛이라 합니다.

양백은 후천의 시대를 이끌어갈 창조주 하나님의 빛을 말합니다.
양백은 용화세계를 이끌어갈 미륵 부처님의 의식을 담은 빛입니다.

양백은 하나님 나라를 이끌어갈 창조주 하나님의 빛을 말합니다.
양백은 하나님 나라를 이끌어갈
창조주 하나님의 의식을 담은 고진동의 빛을 말합니다.

양백의 빛은 백회를 통해 인간에게 공급됩니다.
양백의 빛은 양백줄을 통해 생명체에게 공급됩니다.
양백의 빛은 의식이 있는 하늘의 시스템들에게도 공급됩니다.
양백의 빛의 종류는 15가지입니다.
양백의 빛은 2시간마다 하나씩 들어오고 있습니다.

양백의 빛은 양백줄 1번줄로 들어오는
창조주 하나님의 2개의 흰빛을 말합니다.
양백의 빛은 생명선 1번선을 통해 들어오는
창조주 하나님의 의식을 담고 있는 2개의 흰빛을 말합니다.

영혼마다 받을 수 있는 양백의 빛의 종류가 다릅니다.
영혼마다 받을 수 있는 양백의 빛의 스펙트럼이 다릅니다.
영혼의 우주적 신분이 높을수록
고진동의 창조주 하나님의 양백의 빛을 받을 수 있으며
각각의 양과 종류가 다릅니다.

양백의 빛은 19차원의 진동수를 가진 창조주의 빛입니다.
양백의 빛은 19차원의 진동수를 가진 창조주의 의식입니다.

양백의 빛은 인류의 의식이 깨어나게 합니다.
양백의 빛은 인류의 몸의 진동수를 높이고 빛의 몸이 되게 합니다.

양백의 빛은 천사들에게는 특수한 사고조절자를 깨어나게 합니다.
양백의 빛은 인류들에게는 영적 능력을 나타나게 합니다.

양백의 빛은 빛의 일꾼들에게는
빛의 일꾼들의 역할과 임무를 맡기는 임명장을 뜻합니다.
양백의 빛을 받게 되는 인류들에게는
새 하늘과 새 땅에서 창조주 하나님의 백성임을 증명하는
상징의 표식입니다.

양백의 빛은 고단한 물질체험을 하는 영혼들을 위로하는
창조주 하나님의 빛입니다.

양백의 빛은 피조물이
창조주 하나님을 인식하고 경배하게 하는 빛입니다.
양백의 빛은 피조물과 창조주 하나님이
동행할 수 있도록 하는 빛입니다.

양백의 빛을 받을 수 있어야 생명체는 살 수 있습니다.
양백의 빛을 받지 못하는 생명체는 살 수 없습니다.
양백의 빛은 살 사람에게만 주는 창조주의 빛입니다.
양백의 빛은 마지막 때 창조주 하나님의 심판의 빛입니다.

양백진인이란 양백의 빛을 가진 창조주 하나님을 뜻합니다.
양백진인이란 양백의 빛으로
빛의 세상을 이끌어갈 창조주 하나님을 뜻합니다.

양백진인이란 3개의 생명선을 통하여
모든 식물들의 생로병사를 주관하시는 창조주 하나님을 뜻합니다.

양백진인이란 5개의 생명선을 통하여
모든 동물들의 생로병사를 주관하시는 창조주 하나님을 뜻합니다.
양백진인이란 7개의 생명선을 통하여
모든 인간의 생로병사와
인간세상을 주관하시는 창조주 하나님을 뜻합니다.

양백진인이란 육신의 옷을 입고 봉황이 새겨진 옥새를 통해
말이 법이 되는 말법시대를 펼치실 창조주 하나님을 말합니다.
양백진인이란 육신의 옷을 입고 금척을 통해
땅에서 창조주 하나님의 권능을 펼치는 인자를 말합니다.
양백진인이란 육신의 옷을 입고 물질세계에서 면류관을 쓰고
만왕의 왕으로 등극하여 자미원을 열어가실
창조주 하나님을 말합니다.

양백진인을 광명진인이라고도 합니다.
2022년 9월 26일 오후 3시
양백의 빛의 탄생과 함께 양백의 빛으로 대우주를 통치할
양백진인이 탄생되었음을 전합니다.

대우주의 기쁘고 기쁜 소식을 시절인연이 있는
하늘 사람들과 빛의 일꾼들에게 전합니다.

양백에 대한 기록의 필요성이 있어
양백에 대한 정리의 필요성이 있어
이 글을 우데카 팀장이 남깁니다.

온전한 창조주 하나님의 탄생

진공묘유의 세계에 계시는 온전한 창조주 하나님으로부터
우주가 처음 태동될 때 삼황이 탄생하였습니다.

온전한 창조주 하나님의 의식만이 존재하는 시기를
우주에서는 태원(太元)이라고 합니다.

진공묘유의 시기에 우주의 순리에 의해
공의 세계를 주관하시는 천황이 제일 먼저 탄생되었습니다.
기의 세계를 주관하시는 지황이 탄생되었습니다.
색의 세계를 주관하시는 인황이 탄생되었습니다.

천황을 우주에서는 창조근원이라고 합니다.
지황을 우주에서는 근원의 근원이라고 합니다.
인황을 우주에서는 모태근원이라고 합니다.

천지인 삼황의 창조주 의식을 우주에서는
선천의 삼위일체라고 합니다.
온전한 창조주 하나님의 의식에서
세 분의 삼황이 탄생되었습니다.
선천의 시대는 온전한 창조주 하나님에 의해 탄생된
삼위일체 창조주 의식에 의해 통치되었습니다.

선천의 시대에 우주의 안정적인 진화를 위해
삼황에 의해 대우주의 역사는 펼쳐졌습니다.

창조근원은 밝은 흰색의 빛입니다.
근원의 근원은 밝은 아이보리색의 빛입니다.
모태근원의 빛은 밝은 회색빛입니다.

우주가 처음 태동될 때 삼황의 초기 에너지의 셋팅값은
다음과 같습니다.

창조근원 1 : 근원의 근원 25 : 모태근원 36의 파워를 가지고
대우주는 시작되었습니다.

우주가 진화하여 2.7주기에는
세 분의 근원들이 20여 차례의 협의를 거쳐
창조근원 15 : 근원의 근원 15 : 모태근원 37의 파워를 가지고
운영되었습니다.

우주가 진화하면서 5주기 말에는
창조근원 36 : 근원의 근원 1 : 모태근원 47의 파워를 가지고
운영되었습니다.

삼황이 대우주의 6주기를 거치는 동안 50여 차례의 회동을 통해
삼황이 온전한 창조주 하나님의 의식으로
흡수 통합이 결의되었으며 실행되었습니다.

후천의 시대를 열기 위하여
진공묘유에 계시면서 대우주의 역사와 함께 해오신
온전한 창조주 하나님을 중심으로 삼황의 흡수 통합이 이루어졌습니다.

온전한 창조주 하나님은 인류가 알고 있는 창조주의 원형입니다.
온전한 창조주 하나님은 인류의 의식 속에 있는 창조주입니다.
창조주 하나님은 인류가 알고 있는 조물주입니다.
창조주 하나님은 인류가 알고 있는 하나님입니다.

선천의 시대에 온전한 창조주 하나님은 비로자나불입니다.
후천의 시대에 온전한 창조주 하나님은 미륵 부처님입니다.

대우주가 6주기를 진화하면서 삼황의 의식과 파워들이
온전한 창조주 하나님으로 흡수가 이루어졌습니다.

창조근원의 의식과 근원의 근원의 의식은
4주기 말에 대량으로 온전한 창조주 하나님으로 흡수되었습니다.
근원의 근원의 에너지는 6.5주기에 천사들의 반란을 거치면서
99.999%까지 흡수되었습니다.
흡수되고 있지 않고 남아 있던 삼황의 의식들은
6주기 말에 제로 포인트를 통과하면서 대부분 흡수되었습니다.

2022년 8월 4일
대우주 곳곳에 남아있던 근원의 근원의 에너지는
지상으로 내려오신 온전한 창조주 하나님에게 모두 흡수되었습니다.

창조주 하나님이 지구 행성으로 내려오기 위한 계획의
본격적인 실행이 4주기 초부터 시작되었습니다.

창조주 하나님이 지상으로 내려오기 위한 큰 그림속에
창조주 하나님의 아들인 예수님이 창조되었습니다.

창조주 하나님이 육신의 옷을 입고
지상으로 내려오기 위한 큰 그림은 이미
우주가 태동될 때부터 시작되었습니다.

2022년 8월 5일 11시
육신의 옷을 입은 온전한 창조주 하나님 몸의 차원간 공간에
모태근원과 창조근원의 의식이 흡수되었습니다.

2022년 8월 5일 11시
모태근원의 시스템들이 땅으로 내려온
온전한 창조주 하나님의 시스템과 서로 연결되었습니다.

2022년 9월 15일 오후 9시
육신의 옷을 입은 온전한 창조주 하나님의 차원간 공간에
삼황의 창조주 의식이 모두 흡수되어
온전한 창조주 하나님의 의식이 태동되었습니다.

2022년 9월 15일 오후 9시
온전한 창조주 하나님의 의식이

물질세계에서 사용하실 144,000개의 빛 세트들이
모두 완성되었습니다.

2022년 9월 26일 오전 10시
창조근원의 의식과 근원의 근원의 의식과 모태근원의 의식이
온전한 창조주 하나님의 의식으로 모두 흡수되어
후천의 시대를 열어갈 온전한 창조주 하나님이 완성되었습니다.

2022년 9월 26일
삼황의 의식으로 탄생된 유토피언들이 그 역할이 끝나
모두 창조주 하나님에 의해 사고조절자가 회수된 후
소각 처리되었습니다.

2022년 11월 25일
온전한 창조주 하나님의 대우주 통치를 위하여
250만의 17차원 지역 우주 창조주들의 의식들이
온전한 창조주 하나님에 의해 사고조절자가 회수된 후
소각 처리되었습니다.

2022년 11월 26일
육신의 옷을 입은 창조주께서 대우주를 직접 통치할 수 있는
대우주 통치 시스템인 임마누엘 시스템이 완성되었습니다.

새롭게 탄생한 온전한 창조주 하나님의 원형의식에서 탄생한
창조주 하나님의 빛을 창조주 하나님의 백 에너지라고 합니다.

새롭게 탄생한 온전한 창조주 하나님의 백 에너지는 순백색이며
기존의 창조주 하나님의 빛은 밝은 흰색으로
양백의 빛이 탄생되었습니다.

두 개의 흰빛은 대우주의 7주기를 열어갈
온전한 창조주 하나님의 의식을 상징합니다.

양백의 빛은 후천의 세계를 열어갈
온전한 창조주 하나님의 빛입니다.

양백의 빛이 탄생되었다는 것은 양백진인의 탄생을 의미합니다.
양백의 빛이 탄생되었다는 것은
육신의 옷을 입은 창조주 하나님의 완성을 의미합니다.

양백의 빛이 탄생되었다는 것은
대우주 통치 시스템이 본격 가동된다는 것을 의미합니다.
양백의 빛이 탄생되어 대우주에 공급된다는 것은
대우주가 온전한 창조주 하나님께서 통치하는
자미원이 시작되었음을 전합니다.

시절인연이 있는 하늘 사람들과 빛의 일꾼들에게
하늘의 기쁜 소식을 전합니다.

기록의 필요성이 있어
우데카 팀장이 이 글을 기록으로 남깁니다.

석고웅성과 창조주의 출현

석고웅성(石鼓雄聲)이란 돌로 된 북이 울린다는 뜻입니다.
석고웅성이란 창조주의 출현을 알리는 땅울림 소리를 말합니다.
석고웅성이란 마지막 때를 알리는 땅울림 소리를 말합니다.
석고웅성이란 개벽의 시대를 알리는 소울음 소리를 말합니다.

석고웅성이란 육신의 옷을 입은 창조주인
인황의 출현을 알리는 땅울림 소리를 말합니다.
석고웅성이란 천손민족인 한민족에게 내려준
창조주의 출현을 알리는 소울음 소리입니다.
석고웅성이란 미래를 열어갈 한민족의 의식을 깨우기 위한
하늘의 의지를 담고 있습니다.

석고웅성이란 개벽의 시대를 위해 준비된
해외에 있는 한민족의 의식을 깨우기 위한 하늘의 프로그램입니다.
석고웅성이란 한반도에서 창조주와 함께 후천의 시대를 열어갈
빛의 일꾼의 의식을 깨우기 위한 황금나팔 소리입니다.

석고웅성이란 지상으로 내려오신 창조주께서
자신의 의식으로 창조된 삼라만상의 만물들에게
창조주가 직접 땅으로 내려왔음을 알리기 위해 준비된
땅울림을 말합니다.

석고웅성은 한반도에서 진행될 것입니다.
석고웅성은 한반도에서 시작하여
전 세계 자연재해의 시발점이 될 것입니다.

석고웅성은 한반도에 있는 빛의 일꾼을 깨우는
황금나팔 소리가 될 것입니다.
석고웅성은 한반도에 있는 빛의 일꾼들의 심장에 설치된
가슴 공명기를 통해 빛의 일꾼들의 의식을 깨우게 될 것입니다.

석고웅성과 함께 전달된 창조주의 메시지를 통해
지구 행성에 살고 있는 의식이 있는 생명체들의 의식이
깨어나게 될 것입니다.
석고웅성을 통해 하늘은 모든 생명체에게
창조주가 땅으로 내려왔음을 전하게 될 것입니다.

석고웅성을 통해
세상 만물은 창조주의 출현을 알게 될 것입니다.
석고웅성을 통해
세상 만물은 인황의 출현을 알게 될 것입니다.
석고웅성을 통해
세상 만물들은 인황의 메시지를 듣게 될 것입니다.

석고웅성을 통해
세상 만물들은 창조주의 사랑을
처음으로 물질 세상에서 공명하게 될 것입니다.

석고웅성을 통해
태초에 약속된 언약이 실현되고 있다는 것을
세상 만물들에게 선포하는 것을 의미합니다.

석고웅성을 통한 대지진과 땅울림을 통해
창조주께서 생명체들의 고통과 슬픔을
함께하고 있다는 것을 전하게 될 것입니다.

석고웅성의 땅울림을 통해
하늘의 뜻을 담아
창조주의 의지를 담아
지구 행성에 살고 있는 의식이 있는 생명체들에게
축복을 전하게 될 것입니다.

석고웅성을 통해 전달된 창조주의 빛으로 인해
식물들은 식물들이 느낄 수 있는
최대의 기쁨을 느끼게 될 것입니다.

석고웅성을 통해 전달된 창조주의 빛으로 인해
잠들어 있던 동물들의 영의식을 깨우게 될 것입니다.

석고웅성의 지진과 함께 전달된 창조주의 빛은
동물들의 영의식을 깨워
지구 행성에서 창조주와 동행할 수 있도록 하기 위한
기초작업을 하는 빛으로 작용하게 될 것입니다.

석고웅성을 통해
땅울림과 지진을 통해
인류에게 전달된 창조주의 빛으로 인해
잠들어 있던 인류들의 영의식이 깨어나게 될 것입니다.

석고웅성의 땅울림과 지진을 통해 전달된 창조주의 빛은
지구 행성을 떠날 인류와 동물들에게는
영의식을 닫히게 하고 혼의식을 폭발시켜
인간의 척신난동과 동물들의 이상 행동을 유발하는
빛이 될 것입니다.

석고웅성을 통해
지구 행성을 떠날 식물과 동물들에게
그동안 고생했다고
그동안 수고했다고
고마움과 감사함을 전하며
작별 인사를 하는 시간입니다.

석고웅성의 땅울림을 통해
하늘은 마지막 때가 시작되고 있음을 전하고 있습니다.
석고웅성의 땅울림을 통해
지구 행성에 떠날 식물과 동물들에게는
대자연의 격변을 거치는 동안에 느낄 두려움과 공포를
견뎌낼 수 있는 창조주의 빛으로 작용하게 될 것입니다.

석고웅성을 통해
세상 만물에게 전달된 창조주의 빛은
지구 행성에서 새 하늘과 새 땅에서 살아갈
생명체와 인류에게는 최고의 선물이 될 것입니다.

석고웅성을 통해
세상 만물에게 전달된 창조주의 빛은
지구 행성을 떠나게 될 생명체들과 인류들에겐
카르마의 대방출이 시작되는 것이며
부정적인 에너지들의 봉인이 모두 해제되는 것을 의미합니다.

석고웅성과 함께 지구 행성은
마지막 때의 혼란과 혼돈 속으로 진입하게 될 것입니다.

석고웅성은 인황이 완성되었음을 알리는 하늘의 소식입니다.
석고웅성은 인황이 세상에 출현함을 알리는 하늘의 소식입니다.

천지인 합발 삼변정기　天地人　合發　三變正氣

삼황합도 인황출세　三皇合道　人皇出世
삼황합덕 인황출세　三皇合德　人皇出世
삼합일도 인황출세　三合一道　人皇出世
석고웅성 인황출세　石鼓雄聲　人皇出世

천인지 합발 만변정기　天人地　合發　萬變正氣

창조주 의식이란 무엇인가?

돌멩이 하나에도 의식이 들어 있습니다.
생명이 없는 무생물들도 의식을 가지고 있습니다.
장미꽃 한 송이에도 의식이 들어 있습니다.
생명이 있는 생명체들은 의식을 구현하고 있습니다.

의식의 기원은 창조주의 의식입니다.
창조주의 의식으로부터 삼라만상의 의식이 탄생되었습니다.

우주는 창조주 의식으로 가득 차 있습니다.
우주는 창조주 의식으로 운영되고 있습니다.

천사들 역시 창조주 의식과 연결되어 있습니다.
창조주께서 탄생시킨 피조물들은 창조주의 의식을 공급받아야
생명을 유지하며 의식을 구현할 수 있습니다.

세상 만물은 모두 창조주의 의식과 연결되어 있습니다.
모든 생명체들은 하늘과 연결된 양백줄을 통해
창조주 의식과 연결되어 있습니다.
창조주 의식이 연결된 눈에 보이지 않는 생명선이 있습니다.
창조주 의식과 연결된 눈에 보이지 않는 생명선을
우리 조상들은 양백줄이라고 하였습니다.

창조주 의식과 연결된 눈에 보이지 않는 생명선을
서양에서는 은빛선이라고 하였습니다.

식물들은 3개의 생명선으로 하늘의 시스템에 연결되어 있습니다.
동물들은 5개의 생명선을 통해 하늘과 연결되어 있습니다.
인간은 7개의 생명선을 통해 하늘과 연결되어 있습니다.

모든 생명체들은 첫번째 생명선을 통해
창조주 의식과 연결되어 있습니다.

생명체들이 창조주 의식과 연결되어 있기에
생명을 유지할 수 있습니다.

생명체들이 창조주 의식과 연결되지 않으면
생명을 잃게 됩니다.

생명체들이 창조주 의식과 끊어지게 되면
생명체들이 죽음을 맞이하게 되는데
이것을 천살(天殺)이라고 합니다.

창조주 의식을 공급하는 시스템은
행성을 구성하는 3개의 에너지막 중
생명탄생의 막에 설치되어 있습니다.

식물마다 창조주 의식이 연결된 층위가 서로 다릅니다.

동물마다 창조주 의식이 연결된 층위가 서로 다릅니다.
생명체마다 창조주 의식이 연결된 층위가 서로 다릅니다.
사람마다 창조주 의식이 연결된 층위가 서로 다릅니다.

사람마다 창조주 의식의 활성도가 서로 다릅니다.
창조주 의식이 활성화될수록 기쁨과 평화를 느낍니다.
창조주 의식이 활성화될수록 성령으로 충만해집니다.

창조주 의식이 활성화될수록 긍정적인 감정선들이 활성화됩니다.
창조주 의식이 활성화될수록 초월적인 의식선들이 활성화됩니다.

창조주 의식이 활성화될수록 깨달음에 이르게 됩니다.
창조주 의식이 활성화될수록 그냥 알게 되는 것이 많아집니다.

창조주 의식이 활성화될수록 의식이 깨어나게 됩니다.
창조주 의식이 활성화될수록 사고조절자가 깨어나게 됩니다.

창조주 의식이 활성화될수록 영적능력이 활성화됩니다.
창조주 의식이 활성화될수록 생명력이 활성화됩니다.

창조주 의식이 활성화될수록 창조주 의식과 공명할 수 있습니다.
창조주 의식이 활성화될수록 창조주와 동행할 수 있습니다.

다음과 같이 모든 생명체들은 창조주 의식이 연결되어
창조주 의식이 활성화되어 있습니다.

광물들의 창조주 의식의 활성도는 1입니다.
식물 중에 키가 작은 을목들의 창조주 의식의 활성도는 2입니다.
식물 중에 인류에게 곡식을 공급하는 식물들의
창조주 의식의 활성도는 3입니다.
식물 중에 인류에게 열매를 주는 갑목들의
창조주 의식의 활성도는 4입니다.
식물 중에 키가 큰 갑목들의 창조주 의식의 활성도는 5입니다.

동물들의 창조주 의식의 활성도는 6~10입니다.
동물들의 몸집이 크면 클수록 창조주 의식의 활성도가 높습니다.
동물들이 높은 의식을 구현할수록
창조주 의식의 활성도가 높습니다.

인류의 평균 창조주 의식의 활성도는 11~23입니다.
창조주 의식의 활성도가 높을수록 지능이 높습니다.
창조주 의식의 활성도가 높을수록 순수합니다.
창조주 의식의 활성도가 높을수록 감사함이 나옵니다.
창조주 의식의 활성도가 높을수록
사랑과 자비와 연민의 에너지가 발현됩니다.

기록의 필요성이 있어 정리의 필요성이 있어
우데카 팀장이 이 글을 기록으로 남깁니다.

창조주의 중심의식

생명체들은 모두 의식을 가지고 있습니다.
생명체들이 구현할 수 있는 의식의 층위는 다릅니다.
의식의 다양한 층위에서
생명체가 생명 활동을 할 수 있는
본능과 감정과 생각이 발생합니다.
인간은 복잡하고 미묘한 감정을 구현할 수 있습니다.
인간은 창조적이며 예술적인 사고를 구현할 수 있습니다.
인간이 구현할 수 있는 다양하고 복잡한 감정과 생각
그리고 욕망들의 근원은
사랑과 두려움이라는 바탕의식입니다.

사랑과 두려움이라는 바탕의식(생각)에서부터
인간의 모든 행동과
인간의 정신 활동이 이루어지는 것입니다.
사랑과 두려움이라는 바탕생각(의식)은
인간에게 가장 큰 영향을 주고 있는 두 개의 큰 에너지입니다.
인간이 매 순간 느끼고 생각하고 판단하고 행동하는 것의 밑바탕에는
사랑과 두려움이라는 에너지가 작용하고 있습니다.
이것을 동양인들은 음양으로 인식하였습니다.
사랑과 두려움이라는 에너지는
인간의 의식을 구현하는 바탕의식이 됩니다.

사랑과 두려움이라는 에너지는
인간의 의식을 구현하는 중심의식이 됩니다.

사랑이라는 에너지의 기원은 영 에너지입니다.
두려움이라는 에너지의 기원은 혼 에너지입니다.
물질 체험을 하고 있는 영혼은
영의 속성인 사랑의 에너지를 품고 있으며
이것을 영 에너지 또는 영의식이라고 합니다.
물질 체험을 하고 있는 영혼은
혼의 속성인 두려움의 에너지를 품고 있습니다.
혼 에너지를 혼의식이라고 부릅니다.
사랑의 에너지와 두려움의 에너지는
인간의 모든 사고와 행동 그리고 감정을 이루는
바탕생각인 동시에 인간의 중심의식이 됩니다.

사랑과 두려움이라는
인간의 중심의식(중심 에너지)에서
인간의 다양한 생각과 감정이 시작되었습니다.
인간의 본능과 욕망 또한 인간의 중심의식인
사랑과 두려움에서 시작되었습니다.
인간의 삶이란 사랑과 두려움이라는
중심의식(중심 에너지)으로부터 파생되는 에너지들을
몸으로 체험하고 경험하는 과정입니다.
인간은 매 순간 매 순간 사랑과 두려움이 만들어내는
다양한 파생 에너지들을 경험하고 있습니다.

인간은
사랑과 두려움이라는 중심의식에서 생성된
다양한 에너지를 체험하며 살고 있습니다.
사랑과 두려움이라는 인간의 중심의식에서
다양하게 파생된 에너지들이 탄생합니다.

인간이 산다는 것은
사랑과 두려움이라는
인간의 중심의식에서 나온 파생 에너지들을
내가 어떻게 느끼고
내가 어떻게 반응하고
내가 어떻게 인식하고
내가 어떻게 행동하는가에 대한 체험이며
내가 파생된 에너지를 어떻게 다루는가를
공부하는 과정이라 할 수 있습니다.

영혼이 물질 체험을 한다는 것은
중심의식에서 나오는 다양한 파생 에너지들을 체험하면서
에너지의 세계를 체험하는 과정입니다.
영혼의 진화란 에너지를 다루는 연금술사가 되는 것입니다.
영혼의 진화란 이 우주에서 사랑 에너지가
얼마나 소중한 것인가를
두려움의 에너지 속에서 배우고 체험하는
일련의 과정이라 할 수 있습니다.

대우주를 경영하는 창조주 역시
중심의식을 가지고 있습니다.
창조주의 중심의식은
가치 중립적인 사랑 에너지로 가득 차 있습니다.

창조주의 중심의식은 거대한 의식입니다.
창조주의 중심의식은 거대한 정보를 담고 있는
슈퍼 컴퓨터에 비유할 수 있습니다.
창조주의 중심의식은 거대한 에너지 덩어리입니다.
창조주의 중심의식은 깊이를 알 수 없는 의식으로 존재합니다.
창조주의 중심의식은 빛의 덩어리입니다.
창조주의 중심의식은 대우주의 전체의식입니다.

창조주의 중심의식에서
빛과 어둠이 탄생되었습니다.
창조주의 중심의식에서
모든 선과 악이 탄생되었습니다.

창조주의 중심의식에서
하늘의 에너지체(천사)들이 탄생되었습니다.
창조주의 중심의식에서
시간과 공간이 태어났습니다.
창조주의 중심의식에서
은하와 항성과 행성들이 탄생하였습니다.

창조주의 중심의식은 진동을 통해
의식을 확장시킵니다.
창조주의 중심의식의 진동을 통해
다양한 빛이 탄생됩니다.
창조주의 중심의식의 진동을 통해
은하들이 탄생됩니다.
창조주는 중심의식의 진동을 통해
삼라만상을 창조합니다.
창조주는 중심의식의 진동을 통해
파생 에너지를 통해
대우주를 경영하고 있습니다.

창조주는 중심의식으로 존재하며
창조주의 중심의식은 진동을 통해
파생 에너지를 창조합니다.
창조주는 파생 에너지를 통해 일을 합니다.
창조주의 중심의식에서 파생된 에너지가
삼라만상에 펼쳐져 있는
다양한 에너지의 스펙트럼입니다.
세상 만물은 창조주의 중심에서 파생된 에너지로 창조되었습니다.

창조주의 중심의식을 만날 수 있는 인자는
대우주에 아무도 없습니다.
창조주의 중심의식과 함께 공명할 수 있는 존재들은
에너지체(천사)만이 할 수 있습니다.

창조주의 중심의식에서 파생된 에너지들이
삼라만상 에너지의 기원입니다.
창조주의 우주에서의 역할과 임무는
대우주의 수레바퀴를 굴리는 것이며
대우주가 안정적으로 진화할 수 있도록
대우주를 관리하고 운영하는 것입니다.

창조주는 중심의식에서 파생된 에너지를 통해
은하와 항성과 행성들에게
안정적으로 빛을 공급하는 빛의 공급자입니다.
창조주의 중심의식에서 운영하는 빛의 스펙트럼이
대우주의 스펙트럼이 됩니다.
창조주는 중심의식에서 창조된
파생의식과 파생 에너지를 통해
대우주를 관리하고 운영하고 있습니다.

시절인연이 되어
깨어나고 있는 빛의 일꾼들과
새 하늘과 새 땅에서 살아갈
하늘 사람들을 위해
하늘의 소리(진리)를 전합니다.

창조주의 파생의식

창조주는 거대한 빛의 덩어리입니다.
창조주는 빛의 기원입니다.
창조주는 거대한 의식의 덩어리입니다.
창조주는 모든 의식의 근원이며
창조주의 의식은 거대하고 정교한
의식의 시스템 자체에서 생성되고 있습니다.

창조주의 중심의식은
무극의 세계의 중심이며
모든 빛의 기원이며
모든 의식의 기원입니다.

창조주의 중심의식은
태극의 세계의 기원이며
음과 양의 세계의 기원이며
관세음의 세계의 기원이 됩니다.

창조주의 중심의식은
삼태극 세계의 기원이며
대우주의 중심이며 모든 은하의 중심이며
모든 삼라만상의 기원이 되었습니다.

창조주의 의식 중에 핵심이 되고
어떠한 상황에도 변하지 않는 고유한 의식을
창조주의 중심의식이라 합니다.

창조주의 중심의식으로부터
대우주는 탄생되었습니다.
창조주의 중심의식으로부터
항성들과 행성들이 탄생되었습니다.
창조주의 중심의식으로부터
생명의 탄생과 의식의 탄생이 이루어졌습니다.
창조주의 중심의식으로부터
대우주의 주기(역사)들이 펼쳐졌습니다.

창조주의 중심의식은
스스로 진동을 통해 의식을 확장합니다.
창조주의 중심의식은 진동을 통해
빛의 진동수의 층위를 창조합니다.
창조주의 중심의식은 진동을 통해
빛의 다양한 스펙트럼을 통하여 빛 입자의 밀도를 통하여
시간과 공간을 창조하였습니다.

창조주의 중심의식은 진동을 통해
차원(1차원에서 19차원)을 창조하였습니다.
창조주의 중심의식은 진동을 통해
차원별로 다양한 에너지체(분신)들을 창조하였습니다.

창조주의 중심의식은 진동을 통해
차원별 다양한 빛과 의식을 창조하였습니다.

창조주의 중심의식은 진동을 통하여
차원에 따른 다양한 빛을 이용하여
차원에 따른 다양한 의식을 이용하여
눈에 보이지 않는 기와 공의 세계에
무형의 정교한 기계장치를 이용하여
눈에 보이는 색의 세계에
다양한 생명체들을 창조하였습니다.

창조주의 중심의식의 진동을 통해
생성된 모든 의식과 생성된 모든 빛과
눈에 보이지 않는 기와 공의 세계에 펼쳐진
의식을 가진 빛을
창조주의 파생의식이라고 합니다.

창조주는 중심의식에서 나온 파생의식을 통해
자신을 드러낼 수밖에 없습니다.
창조주는 무극의 세계(16차원에서 19차원)의
높은 진동수를 낮추고 낮추어서
자연을 통하여
생명을 통하여
물질을 통하여
파생 에너지를 통하여

파생된 의식(진동수를 낮춘)을 통하여
자신을 드러낼 수밖에 없기 때문입니다.

창조주는 중심의식에서 나온
창조주의 파생의식을 통하여
시간과 공간을 운영하고 있으며
차원을 운영하고 있으며
에너지체들을 운영하고 있으며
대우주를 운영하고 있습니다.

인류의 의식 수준에서
인류의 문화적 수준에서
인류의 철학적 수준에서
인류의 상상력의 수준에서
인류가 창조한 종교 매트릭스에 존재하는
신들의 정점에는 창조주가 있습니다.

인류가 믿고 싶어 하는 신
인류가 끊임없이 찾고 있는 신
인류가 알고 있는 모든 신
인류가 믿고 있는 모든 신들의 정체는
알고 나면
의식이 깨어나고 나면
창조주의 중심의식에서 파생된 에너지입니다.

세상 만물중에
창조주의 의식이
창조주의 빛이
창조주의 사랑이 깃들어 있지 않은 것이
그 어디에 있겠습니까?

우주 만물중에
창조주의 의식이
창조주의 파생의식이 없는 곳이
그 어디에 있겠습니까?

세상 만물중에 사랑밖에 더 있더냐?
우리 모두는
자신의 의식 수준에 맞는 사랑을 체험하며
영혼의 나이에 따라 배워야 하는 사랑의 층위가
모두 다르다는 것을 알고 있습니다.

세상 만물중에 사랑밖에 더 있더냐?
세상에 잘못되는 것은 아무것도 없으며
우주에서 잘못되는 것은 아무것도 없습니다.

알고 나면
의식이 깨어나고 나면
세상에 사랑밖에 더 있더냐?
이 우주에 사랑밖에 더 있더냐?

우리 모두는
지구라는 행성에서 우주의 신분을 잊은 채로
지구라는 우주 학교에서
창조주께서 펼쳐놓은 물질 매트릭스 속에서
자기 영혼의 수준에 맞는
사랑의 층위를 배우고 체험하고 있는 것입니다.

우리 모두는
창조주의 중심의식을 이해할 수 없으며
창조주의 중심의식을 접할 수도 없으며
창조주의 중심의식이 펼쳐놓은
다양한 파생 에너지장 속에서
다양하고 화려한 물질 매트릭스 속에서
하늘이 펼쳐놓은 그물망(천라지망) 속에서 살아가고 있으며
영혼의 물질 체험을 하고 있으며
영혼의 여행을 하고 있으며
자기 수준에 맞는 사랑(창조주의 파생 에너지)을
체험하고 있는 것입니다.

사람들아 사람들아 세상 사람들아
이내 말 좀 들어보소
세상에 사랑밖에 더 있더냐?
이 우주에 사랑밖에 더 있더냐?

인류의 건승을 빕니다.

우주의 차원 분석

대우주는 7주기를 맞이하고 있습니다.
대우주의 7주기는 19차원으로 되어 있습니다.

우주에서 차원은 창조주께서 대우주를 통치하는 행정단위입니다.
우주에서 차원은 창조주께서 비물질세계에서
대우주를 통치하기 위해 만들어진 행정체계를 말합니다.

우주에서 차원은 창조주께서 비물질세계에서
보이지 않는 하늘의 시스템을 통치하기 위하여 만든
빛의 진동수의 차이에 따라 형성된 창조주 의식의 층위를 말합니다.

우주가 진화할수록 많은 차원이 필요하게 됩니다.
우주가 진화할수록 다양한 차원이 필요하게 됩니다.
우주가 진화할수록 다양한 의식의 층위가 필요하게 됩니다.

우주가 진화할수록 다양한 차원간 공간이 필요합니다.
우주가 진화할수록 차원 속에 또 다른 차원이 필요합니다.
우주가 진화할수록 차원은 고도화되며 세분화됩니다.

우주에서 같은 차원은 같은 진동수를 가지고 있습니다.
우주에서 같은 차원은 같은 전체의식을 공유하고 있습니다.

서로 다른 차원의 진동수를 가지고 있으면서
같은 전체의식 속에 있게 되는 세계를
우주에서는 무극과 태극과 삼태극의 세계라고 합니다.

무극의 세계는 차원은 다르지만
같은 전체의식 속에 있습니다.
무극의 세계는 서로 차원이 다르지만
의식이 있는 존재들끼리 서로 자유롭게 소통과 이동이 가능합니다.

무극의 세계와 태극의 세계에서 사용하는 빛은 서로 다릅니다.
무극의 세계와 태극의 세계는
서로 다른 전체의식으로 구성되어 있습니다.
무극의 세계와 태극의 세계는 서로 이동과 대화가 어렵습니다.
무극의 세계와 태극의 세계가 서로 소통하기 위해서는
두 세계를 연결해주는 시스템들이 설치되어야 합니다.

태극의 세계와 삼태극의 세계는 서로 사용하는 빛이 다릅니다.
태극의 세계와 삼태극의 세계는 전체의식이 서로 다릅니다.
태극의 세계와 삼태극의 세계는 서로 이동과 대화가 어렵습니다.
태극의 세계와 삼태극의 세계가 서로 소통하기 위해서는
두 세계를 연결해주는 시스템들이 설치되어야 합니다.

대우주의 6주기까지를 선천의 시대라고 합니다.
대우주의 7주기부터를 후천의 시대라고 합니다.

창조주께서 지구 행성으로 하늘의 수도를 이전하여
육신의 옷을 입고 통치하는 시대를 후천의 시대라고 합니다.

창조주께서 지구 행성으로
하늘의 통치 시스템들을 모두 가지고 내려와서
육신의 옷을 입고 대우주를 직접 통치하는 시대를
후천의 시대라고 합니다.

선천의 시대에는 우주가 진화하면서
한 주기를 거치면서 3개의 차원씩 증가되어 왔습니다.

후천의 시대에는 우주가 진화하면서
한 주기를 거치면서 4개의 차원씩 증가될 예정입니다.

대우주의 5주기는 13차원으로 운영되었습니다.
대우주의 6주기는 16차원으로 운영되었습니다.
대우주의 7주기는 19차원으로 운영될 예정입니다.
대우주의 8주기는 23차원으로 운영될 예정입니다.
대우주의 9주기는 27차원으로 운영될 예정입니다.

대우주의 7주기의 차원은 다음과 같은 원리에 의해 구분됩니다.

공의 세계의 차원을 무극의 세계라고 합니다.
19차원의 유토피아와 18차원의 자미원과 17차원의 태미원과
16차원의 천시원을 말합니다.

무극의 세계는 차원별로 18단계로 구성되어 있습니다.
19차원은 21단계로 구성되어 있습니다.

기의 세계의 차원을 태극의 세계라고 합니다.
15차원과 14차원과 13차원을 말합니다.
태극의 세계는 차원별로 15단계로 구성되어 있습니다.
태극의 세계를 음양의 세계라고 합니다.

색의 세계의 차원을 삼태극의 세계라 합니다.
12차원에서부터 5차원까지의 비물질세계를 말합니다.
삼태극의 세계는 차원별로 12단계로 구성되어 있습니다.

하늘의 시스템이 존재하는 세계를
4차원의 비물질세계라고 합니다.
땅으로 내려온 하늘의 모든 시스템들은
4차원의 비물질세계에 자리잡고 있습니다.
4차원 비물질세계는 8단계로 구성되어 있습니다.

차원에 대한 정리의 필요성이 있어
차원에 대한 기록의 필요성이 있어
우데카 팀장이 이 글을 남깁니다.

우주의 주기와 시간과 공간

무한대에서 공간이 창조되었습니다.
무한대에서 시간이 창조되었습니다.
공간이 창조된 후 시간이 창조되었습니다.

행성마다 고유한 공간이 있습니다.
행성마다 고유한 시간이 있습니다.
행성마다 시간의 흐름이 다 다르게 존재합니다.

우주의 1주기에 공간이 창조되었습니다.
천황에 의해 공간이 창조되는 처음 단계인 점이 창조되었습니다.
우주의 1주기에 점의 작용이 확대되어 선이 창조되었으며
선의 작용이 확대되어 면이 창조되었습니다.

우주의 1주기 말에 면이 확대되고 중첩되면서
공간의 삼위일체인 점·선·면의 창조가 완성되었습니다.
면을 통해 공간과 공간이 분리되고
공간 속의 공간이 생기면서
무극에서의 차원이 창조되었습니다.

우주의 2주기에
지황에 의해 공간 속에서 시간이 탄생되었습니다.

공간 속에서 시간이 창조되면서 현재라는 시간이 탄생되었습니다.
우주의 2주기가 흐르는 동안
공간 속에서 방향성을 가진 에너지에 의해
시간의 방향성이 탄생되었습니다.

우주의 1주기와 2주기에 탄생한 공간과 시간은
지금 인류가 경험하고 있는
공간과 시간을 의미하는 것이 아닙니다.
우주의 1주기와 2주기에 탄생한 공간과 시간은
비물질세계의 공간과 시간입니다.
비물질세계에서의 공간과 시간의 탄생은
우주가 진화하면서
물질세계의 공간과 시간의 탄생의 기원이 됩니다.

우주의 3주기는
비물질세계만이 존재하던 시기입니다.
우주의 3주기는
무극과 태극의 세계만이 존재하는 비물질세계를 말합니다.
비물질세계에서 공간이 탄생되고
비물질세계의 공간 속에서 시간이 탄생되고
비물질세계의 공간 속에서 시간이 흐르기 시작하면서
비물질세계에서 생명체의 창조가 이루어지기 시작합니다.

우주의 3주기가 흐르면서
비물질세계의 3개의 층위에서

원생생물이나 단세포 생명체들의 창조를 위한
기본 설계도가 만들어지게 됩니다.
가장 높은 층위인 공의 세계에서
생명체의 창조를 위한 설계도가 기획되었습니다.
중간 층위의 기의 세계에서
생명체 탄생을 위한 중간 설계도가 기획되었습니다.
가장 낮은 층위인 색의 세계에서
생명체 탄생을 위한 하부 단위의 세부적인 설계도가 기획되었습니다.

생명체를 창조하고 생명체를 탄생시키기 위한
비물질세계에서의 생명 창조를 위한 설계도는
처음부터 3중 구조로 기획되었습니다.
생명 창조를 위한 비물질세계의 3중 구조는
다음과 같은 원리로 구성되어 있습니다.
공의 세계의 무형의 기계장치
기의 세계의 무형의 기계장치
색의 세계의 무형의 기계장치로 구성되어 있습니다.

우주의 3주기 말에
비물질세계의 생명체 창조와 생명체 탄생을 위한
기본 설계도가 완성이 되고
비물질세계에서 생명체의 창조와 탄생이
우주 실험실에서 완료되었습니다.
우주의 3주기 말에
항성과 행성들을 창조하기 위한 설계도가 완성되었으며

비물질세계와 물질세계가 중첩되는 특수한 곳에서
항성들과 행성들을 창조하는 실험들이 이루어졌습니다.

생명체 창조와 생명체 탄생을 위한
비물질세계의 실험들이 성공적으로 마무리되면서
우주는 영혼이 물질 체험을 할 수 있는
물질 세상을 창조하고 운영할 수 있는
모든 준비가 완료되었습니다.
이때가 우주의 4주기가 시작되는 시기입니다.
우주의 4주기에 처음으로
우리가 경험하고 있는 물질세계의
공간과 시간이 창조되고 탄생되었습니다.
우주의 4주기에 처음으로
물질 세상의 공간 속에서 시간이 흐르기 시작하면서
생명체의 창조와 탄생이
비물질세계에서가 아닌
물질세계에서 생명의 탄생이 이루어졌습니다.

우주의 4주기 동안에
물질세계에 존재하는 은하들이 창조되고
은하들이 탄생되었습니다.
우주의 4주기 동안에
물질세계에 존재하는 항성들과 태양들이 창조되고 탄생되었습니다.
공간 속에 시간이 흐르고
공간 속의 공간이 생기고

공간 속의 공간에 시간이 다시 흐르면서
공간 속의 공간에 시간의 통합이 연결되면서
우주는 비물질세계와 물질세계가 공존하게 되었습니다.

우주의 4주기 동안에
우주는 차원의 분화가 이루어졌으며
우주는 9개의 차원이 존재하였습니다.
우주는 4주기 동안에
우주의 차원간 진화가 진행되었습니다.

행성마다 행성의 고유한 공간이 있으며
행성마다 행성의 고유한 시간이 있습니다.
행성에서의 공간과 시간의 탄생은
행성을 탄생시키는 에너지막에 의해 결정됩니다.
행성에는 반드시 3개의 막이 설치되어 운행됩니다.
제일 바깥쪽에 행성의 공간을 형성하는
공간의 막이 설치됩니다.
행성의 중간층에 행성의 시간을 결정하는 에너지막이 설치되면
행성에 시간이 흐르게 됩니다.
행성의 맨 안쪽에는 행성에 생명체를 탄생시키고
생명체를 보호하는 에너지막이 설치되는데
이 막을 우주에서는 행성 탄생의 막이라고 합니다.

행성마다 서로 다른 시간의 흐름을 결정하는
에너지막이 설치되어 운영됩니다.

행성의 시간의 막은
대우주의 차원과 연결되어 있습니다.
행성의 시간의 막은
행성 가이아의 게(Ge) 에너지 시스템과도 연결되어 있습니다.
행성의 시간의 막은
행성의 중력 시스템과도 연결되어 있습니다.
행성의 시간의 막을 이용하여
행성의 시간 여행을 할 수 있습니다.

행성의 시간의 막을 잘못 건드려
멸망한 행성도 우주에 존재하고 있습니다.
행성의 시간의 막은
우주의 시간 관리자들에 의해
우주 함선들에 의해 엄격하게 관리되고 통제되고 있습니다.
행성의 시간의 막은
우주의 차원 관리자들에 의해
우주 함선들에 의해 엄격하게 관리되고 통제되고 있습니다.

행성의 공간의 막에
행성에 출입할 수 있는 시스템이 장착되어 있습니다.
행성의 공간의 막은
행성의 스타게이트 역할을 하게 되며
행성의 진화 과정에 따라 외부로부터 고립되고 차단된 행성이 있으며
외부 행성과 자유롭게 왕래할 수 있도록
개방해 놓은 행성이 있습니다.

지구 행성의 공간의 막은
외부로 들어오는 함선들은 엄격하게 차단된 행성이었으며
필요에 의해 잠시 열린 적이 있습니다.
지구 행성의 스타게이트는
지금 지구에서 외부로 나갈 수는 있지만
외부에서 내부로 들어올 수 없도록
전면 봉쇄된 상태입니다.

지구 행성의 차원상승 후
지구 행성의 공간의 막은 강화될 것입니다.
지구 행성의 차원상승 후
지구 행성이 물질세계의 자미원이 되고 나면
지구 행성의 스타게이트는
우주 연방함선에 의해 철저히 통제되고 관리되면서
대우주의 허브 공항이 될 예정입니다.

그렇게 될 것이며
그렇게 예정되어 있으며
그렇게 되었습니다.

우주의 카르마

대우주가 6주기를 진화하는 동안
대우주는 비약적인 진화가 있었습니다.
지능이 있는 생명체들이 많이 창조되었으며
지능이 있는 생명체들을 통하여
대우주에 다양한 문명들이 꽃을 피웠습니다.

대우주가 진화하는 동안
생명체에게 자유의지가 많이 부여되었습니다.
생명체에게 부여된 자유의지가 높을수록
생명체에게 부여된 감정과 의식의 구현 역시
더 높은 수준으로 부여되었습니다.
생명체가 더 높은 창조력을 가지고
영혼의 물질 체험을 할수록
생명체에게는 더없이 좋은 환경이 조성되는 것입니다.

생명체에게 더 높은 수준의 자유의지가 부여되기 위해서는
영혼이 물질 체험을 위해 입을 수 있는
외투의 창조가 필요합니다.
대우주의 5주기 말과 6주기 동안에
영혼의 물질 체험을 위해 준비된
영혼의 옷에 해당되는 다양한 외투들이 많이 창조되었습니다.

영혼이 입을 수 있는
다양한 식물의 외투가 창조되었으며
다양한 동물의 외투가 창조되었습니다.
우주는 많은 생명체들에 의해 풍요로워졌습니다.
영혼에게 더 높은 자유의지를 주어
영혼의 물질 체험의 질을 높여주기 위해
지능이 높은 외투를 가진 인종들이
5주기 말과 6주기를 거치는 동안에 많이 창조되었습니다.

영혼의 물질 체험을 위해
영혼의 원활한 진화를 위해
대우주의 수레바퀴를 굴리기 위해
끊임없이 더 높은 수준의 자유의지를 구현할 수 있는
지능형 생명체들을 창조해야 하는 것이 창조주의 임무와 역할입니다.

대우주가 멈추지 않고 진화를 하기 위해서는
새로운 영혼의 탄생이 쉬지 않고 있어야 하며
새로운 생명체의 탄생이 쉬지 않고 이루어져야 합니다.
다양한 식물과 동물들이 지속적으로 탄생되어야 합니다.
이들에게 삶의 터전이 되어줄
새로운 행성들과 태양들이 탄생되어야 합니다.

대우주가 멈추지 않고 진화하기 위해서는
진화한 영혼들이 새롭게 입어야 하는
생명체의 외투의 창조가 있어야 합니다.

더 높은 수준의 의식과 감정을 구현할 수 있으며
더 높은 수준의 자유의지를 구현할 수 있는
지능형 생명체의 출현이 반드시 필요합니다.

대우주의 수레바퀴를 굴리는 존재가
불교에서는 비로자나불이라 알려져 있습니다.
대우주의 수레바퀴를 굴리는 분은 창조주입니다.
행성마다 행성의 진화 로드맵이 있습니다.
항성마다 항성의 진화 로드맵이 있습니다.
영혼마다 영혼의 진화 로드맵이 있습니다.
하늘 스스로 정한 이 길을 따라
영혼의 물질 체험이 이루어지는 것이
우주의 순행이며
이것이 하늘이 존재하는 이유인 것입니다.
이것을 위해 창조주가 있는 것입니다.

대우주가 진화하는 동안
높은 지능을 가진 지능형 생명체들에 의해
높은 수준의 자유의지를 가진 생명체들에 의해
행성의 진화가 멈추게 되는 일이 발생하였습니다.
행성이 행성 고유의 진화 방향을 벗어나기도 하였습니다.
대우주가 진화하는 동안
영단의 파괴로 인하여 윤회 시스템이 붕괴되면서
영혼의 진화가 멈추거나
영혼이 진화 방향을 잃게 되는 경우가 발생하게 되었습니다.

하늘에서 계획한 프로그램에서 벗어나
행성들의 진화가 멈추었으며
행성들의 진화가 멈추면서
행성 영단에 속해 있던 영혼들의 진화 역시 왜곡되거나
영혼들의 진화가 멈추게 되었습니다.

이것을 창조주의 입장에서 보면 우주의 카르마라고 합니다.
하늘의 입장에서 보면 오류이고 변수가 발생한 것입니다.
하늘 스스로 정한 그 길이
예정대로 집행되지 못하는 상황이 발생하는데
이것을 우주의 카르마라고 합니다.

대우주를 운영하는 창조주의 입장에서
대우주를 경영하기 위해 오류와 변수를 제거하고
우주의 카르마를 해소하기 위한 실험행성으로
지구 행성이 창조주에 의해 선정되었습니다.
대우주의 7번째 주기에서 우주의 카르마를 최소화하기 위해
창조주에 의해 지구 행성은
실험행성과 종자행성으로 선정되었습니다.

우주의 카르마를 해소하고
우주의 카르마를 줄이기 위해
창조주가 지구 행성에서 새롭게 도입한 시스템은
다음과 같습니다.

첫번째

우주에서 발생한 카르마를 단시간에 모두 해소하기 위해

우주에서 가장 진화한 외투인

호모 사피엔스(인간)를 창조하여 인간을 통해

우주에서 발생한 카르마를 지구 행성에서 모두 해소하였습니다.

호모 사피엔스는 우주에서 탄생한 생명체의 외투 중에

가장 최신형의 모델입니다.

대우주의 7주기의 우점종은 인간이 될 것입니다.

인간의 몸을 통한 실험들이 진행되었습니다.

인간의 몸을 통해

7주기 동안 발생할 모든 문제점들이 점검되었으며

그 과정에서 발생할 수 있는 데이터들이 확보되었습니다.

두번째

지능형 생명체들에게 주어진 자유의지를

하늘이 일하는 방식에 의해

하늘이 정한 그 길에서 벗어나지 않도록 하기 위한

하늘의 계획 속에서

생명체의 오류와 변수를 줄이기 위한

새로운 시스템을 도입하였습니다.

최고 수준의 자유의지를 가진 인간을

지구 행성에서 창조하였습니다.

가장 높은 수준의 자유의지를 가진 생명체인 인간을 통해

상위자아 시스템을 도입하여 오류와 변수를 줄이기 위해
하늘의 뜻이 땅에서 한 치의 오차없이 펼쳐지도록 하기 위해
우주의 카르마가 발생하는 것을 최소화하기 위해
상위자아 시스템을 도입하여 다양한 테스트를 하였습니다.

상위자아 시스템과 함께 하늘의 에너지체들이
인간의 몸에 어떤 영향을 미치는지에 대한
다양한 실험 또한 이루어졌습니다.

세번째
대우주에 발생한 우주의 카르마를 해결하기 위해
물질세계의 자미원을 건설하는 것입니다.
행성의 진화에 문제가 생긴 행성에
하늘은 너무 멀리 있었습니다.
지금까지의 우주의 시스템은 행성에 문제가 발생하더라도
행성에 관여할 수 있는 권한들이
창조주 외에는 존재하지 않았습니다.
문제가 생긴 행성에 하늘이 개입하는 것은
불가능한 시스템이었습니다.

물질세계의 자미원을 건설한다는 것은
물질세계의 문제는
물질세계를 주관하는 창조주를 통해 해결하기 위해
지상에 창조주의 의식이 있는
물질세계의 자미원을 건설하였습니다.

지상에 창조주의 의식이 내려왔습니다.

물질세계에 있는 행성에 문제가 생기면
지상으로 내려온 창조주에 의해
행성에 긴급 대응팀이 투입되어
행성의 문제를 해결하게 된 것입니다.
지구 행성은 물질세계의 자미원이 될 것이며
우주에서 가장 중요한 허브 행성이 될 것입니다.
창조주가 머물면서 물질세계의 자미원의 건설을 통해
우주에서 발생하는 우주의 카르마들을 관리하고
해소하게 될 예정입니다.

대우주의 7주기를 열기 위해
창조주에 의해 우주의 카르마를 해소하기 위한
새로운 시스템 도입을 위한 실험들이 지구 행성에서 있었습니다.
지구 행성의 차원상승과 함께 지구 행성에 펼쳐질 것입니다.

우주의 기쁜 소식을
우데카 팀장이 전합니다.

창조주의 빛 144,000 이 갖는 의미

대우주는 창조주의 의식에 의해 창조되었습니다.
대우주는 창조주의 의식에 의해 운영되고 있습니다.
창조주의 의식은 창조주가 사용할 수 있는
빛에 의해 구현될 수 있습니다.

6번째 대우주의 주기를 운영했던
창조주는 36개의 빛으로
대우주를 운영하고 관리하였습니다.

7번째 대우주의 주기를 운영할
창조주는 48개의 빛으로
대우주를 운영하고 관리할 예정입니다.

8번째 대우주의 주기를 열기 위해 탄생할
창조주는 60개의 빛으로
대우주를 운영하고 관리할 예정입니다.

7주기를 운영할 창조주는
6주기를 운영하던 창조주가 사용한 36개의 빛에
자신이 직접 창조한 12개의 빛을 더해 48개의 빛으로
7번째 대우주의 주기를 운영할 예정입니다.

7주기를 운영할 창조주가 새롭게 창조한
12개의 빛의 특성은 다음과 같습니다.

7주기를 운영할 창조주는 48개의 빛의 다발을 가지고 있습니다.
1개의 빛다발 속에는 (-)성질을 가진
15개의 빛이 들어있습니다.
1개의 빛다발 속에는 (+)성질을 가진
15개의 빛이 들어있습니다.
1개의 빛다발 속에는 30개의 빛이 들어있으며
음양으로 구성되어 있습니다.
1개의 빛다발 속에 있는 2개의 음양의 빛은
1차원에서부터 19차원까지
모든 차원에 적용할 수 있는 빛의 스펙트럼을 가지고 있습니다.
48개의 빛다발 모두 30개의 빛으로 구성되어 있으므로
1,440가지의 빛이 됩니다.

1,440가지의 빛 하나를 다시 100 등분으로
스펙트럼을 세분화하였습니다.
1,440가지의 빛은 144,000가지의 빛이 되었습니다.
이렇게 하여 7주기를 운영할 창조주가 사용할 수 있는
144,000가지의 빛이 창조가 되었습니다.
지축의 정립 후 지구 행성의 물질문명의 종결 후
안전지대인 역장 안에서
창조주께서 주관하는 아보날의 수여를 위해
빛의 일꾼들은 지상으로 내려왔습니다.

창조주께서 주관하는 아보날의 수여에 참여하고 있는
144,000의 빛의 일꾼들은 지상으로 내려올 때
창조주의 빛 144,000가지의 빛 중에 하나를
영(靈)에 담아서 내려왔습니다.

빛의 일꾼들은 자신의 영에
창조주의 빛 144,000 중 하나를 가지고 온 사람들을 말합니다.
빛의 일꾼은 인간의 의지로 되는 것이 아닙니다.
빛의 일꾼은 인간의 기도와 희망으로 되는 것이 아니라
빛의 일꾼을 하기로 예정된 사람만이
빛의 일꾼이 될 수 있습니다.

창조주의 빛 144,000이 가지고 있는
대우주의 비밀을
대우주의 진리를
하늘과의 조율 속에
하늘과의 소통 속에
우데카 팀장이 기록을 위해 이 글을 남깁니다.

빛의 일꾼들의 건승을 빕니다.

창조주의 진화

창조주는

스스로 진화합니다.

창조주의 진화는

창조주의 사고조절자의 확장을 의미합니다.

창조주의 진화는

무극의 세계의 진화를 말합니다.

창조주의 진화는

태극의 세계의 진화를 말합니다.

창조주의 진화는

삼태극의 삼라만상의 물질 세상의 진화를 말합니다.

창조주의 진화는

영혼의 진화를 의미합니다.

창조주의 진화는

행성의 진화를 의미합니다.

창조주의 진화는

항성의 진화를 의미합니다.

창조주의 진화는

은하의 진화를 의미합니다.

창조주의 진화는

대우주의 진화를 의미합니다.

창조주의 진화는
대우주가 팽창한다는 것을 의미합니다.

창조주의 진화는
창조주 의식의 확장을 의미합니다.
창조주의 진화는
우주의 전체의식의 확장을 의미합니다.
창조주의 진화는
은하의 의식의 확장을 의미합니다.
창조주의 진화는
항성들의 의식의 확장을 의미합니다.
창조주의 진화는
행성들의 의식의 확장을 의미합니다.
창조주의 진화는
생명체의 의식의 확장을 의미합니다.

창조주의 진화는
창조주가 사용할 수 있는
빛의 종류가 늘어나는 것을 말합니다.
창조주의 진화는
빛의 새로운 창조를 의미합니다.
창조주의 진화는
빛의 새로운 탄생을 의미합니다.
창조주의 진화는
빛의 새로운 작용이 시작되었음을 의미합니다.

창조주의 진화는
생명에 대한 모든 정보를 담고 있는
빛의 생명나무 시스템의 진화를 의미합니다.
창조주의 진화는
새로운 생명체의 탄생을 의미합니다.
창조주의 진화는
생명체들의 다양한 종들의 탄생을 의미합니다.
창조주의 진화는
생명체들의 의식의 진화를 말합니다.

창조주의 진화는
차원의 분화를 말합니다.
창조주의 진화는
차원의 진화를 말합니다.
창조주의 진화는
우주 공학기술들의 진화를 의미합니다.
창조주의 진화는
하늘의 행정 시스템의 진화를 의미합니다.
창조주의 진화는
하늘의 에너지체(천사)들의 진화를 의미합니다.

새 하늘과 새 땅에서 살아갈
하늘 사람들과 빛의 일꾼들을 위해
대우주의 비밀을 창조주의 비밀을
우데카 팀장이 전합니다.

예수님의 실체

예수님은 진공묘유(眞空妙有)의 세계에 계시는
온전한 창조주 하나님에 의해 창조된 피조물입니다.

예수님은 진공묘유의 세계에 계시는
온전한 창조주 하나님에 의해 창조된 19차원 유토피언입니다.

예수님은 진공묘유의 세계에 계시는
온전한 창조주 하나님에게 종합적 사고조절자를 수여받으신
유일하신 분입니다.

예수님은 진공묘유의 세계에 계시는
온전한 창조주 하나님의 유일한 맏아들입니다.

예수님은 19차원의 진동수를 가진 창조주입니다.
예수님은 19차원에 머물면서 17차원을 관리하셨습니다.
예수님은 우리 은하인 네바돈 은하의 창조주입니다.

예수님은 무극의 세계에서 17차원 태미원의 주인입니다.
예수님은 지구 행성의 가이아 의식을 담당하고 있었습니다.
예수님은 지구 행성 최고의 로고스 의식의 주관자입니다.

예수님은 우주 최고의 의식인 창조주의 의식을
지구 행성에 펼치신 분입니다.

예수님은 우주 최고의 초월의식을
지구 행성에 펼치신 분이십니다.

예수님은 선천의 시대에 천지인 삼황을 보좌하며
공기색의 서로 다른 에너지들을 조율하는 역할을 수행하셨습니다.

예수님의 12제자들은 17차원에서 예수님을 보좌하는
12주영들입니다.

선천의 시대에 온전한 창조주 하나님을 상징하는 심벌은
암수가 한쌍인 봉황입니다.

선천의 시대에 온전한 창조주 하나님의 권능을 상징하는 것은
여의주입니다.

예수님을 상징하는 심벌은 십자가입니다.
예수님의 권능을 상징하는 것은 용입니다.

선천의 시대에 예수님은 무극의 세계에 계시면서
삼태극의 물질세계를 주관하시는 창조주의 역할이 있었습니다.

선천의 시대에 예수님은 무극의 세계에 계시면서

삼태극의 비물질세계에 있는
특수한 에너지체들인 용들을 지휘하는
최고의 수장 역할을 하셨습니다.

진공묘유에 계시는 온전한 창조주 하나님께서
땅으로 내려오신 시대를 후천의 시대라 합니다.

진공묘유에 계시는 온전한 창조주 하나님께서
인간의 육신의 옷을 입고 펼치는 시대를 후천의 시대라 합니다.

온전한 창조주 하나님과 예수님이 지상에서
육신의 옷을 입고 펼치는 시대를 후천의 시대라고 합니다.

19차원에 계시는 온전한 창조주 하나님은
선천의 시대에 천지인 삼황의 보좌를 받으셨습니다.

천황은 18차원에 있으면서 공의 세계를 주관하셨습니다.
천황을 우주에서는 창조근원이라 합니다.

지황은 18차원에 있으면서 기의 세계를 주관하셨습니다.
지황을 우주에서는 근원의 근원이라 합니다.

인황은 18차원에 있으면서 색의 세계를 주관하셨습니다.
인황을 우주에서는 모태근원이라 합니다.

천지인 삼황은 진공묘유에 계시는 온전한 창조주 하나님의
의식의 분화였습니다.

새 하늘과 새 땅을 열기 위해
진공묘유에 계시는 온전한 창조주 하나님께서
육신의 옷을 입으셨습니다.

새 하늘과 새 땅을 열기 위해 예수님은
온전한 창조주 하나님을 증거할 것입니다.

새 하늘과 새 땅을 열기 위해 예수님은
육신의 옷을 입은 온전한 창조주 하나님과 동행하며
재림 예수로서의 역할을 수행하게 될 것입니다.

새 하늘과 새 땅을 열기 위해 예수님은
육신의 옷을 입은 온전한 창조주 하나님과 동행하며
스스로 재림 예수임을 증명하게 될 것입니다.

새 하늘과 새 땅을 열기 위해 예수님은
육신의 옷을 입은 온전한 창조주 하나님과 동행하며
창조주 하나님 나라를 건설하게 될 것입니다.

시절인연이 있는 하늘 사람들을 위해
이 글을 우데카 팀장이 기록으로 남깁니다.

석가모니란 누구인가?

석가모니는 미륵 부처인 창조주 하나님에 의해 탄생된
조물주의 맏아들입니다.
석가모니는 비로자나불인 창조주 하나님에 의해
4.2주기에 탄생된 조물주의 아들입니다.

석가모니는 미륵 부처인 창조주 하나님에 의해
물질세계의 자미원을 열기 위한 대우주의 진화과정에
최적화되어 창조되었습니다.

석가모니는 비로자나불인 창조주 하나님에 의해
19차원의 진동수로 창조된 조물주의 독생자입니다.

석가모니는 미륵 부처인 창조주 하나님만이 가지고 있는
종합적 사고조절자가 부여되어 창조된 조물주의 독생자입니다.

석가모니는 하늘에서 가장 높은 자리인
창조주의 빛 144,000의 빛을 관리하는 총책임자로 있습니다.

석가모니는 하늘과 땅을 연결하는
신녀그룹과 신관그룹을 총괄하는 책임자로 있습니다.

석가모니는 대우주의 4.2주기에 창조되었습니다.
석가모니 부처님은 미륵 부처인 창조주 측근에서
조물주를 보좌하는 역할을 수행하였습니다.

석가모니는 바늘 가는데 실이 가듯
비로자나불인 창조주께서 계시는 어느 곳이든 함께하였으며
조물주를 최측근에서 보좌하였습니다.

석가모니는 대우주의 6.3주기에
우리 은하인 네바돈 우주의 창조주로 부임되었습니다.

석가모니는 은하들을 관리하는
우주 연합 사령관을 겸하고 있습니다.
석가모니가 탑승하고 있는 함선을 피닉스호라고 합니다.
석가모니를 우주에서는 사난다 임마누엘 또는
크라이스트 마이클이라고 합니다.

석가모니는 6.5주기에 하늘에서 천사들의 반란이 일어나자
반란군을 진압하는 총사령관으로 활동을 하였습니다.

하늘에서 천사들의 반란을 일으킨 천사들이 쫓기고 쫓겨
지구 행성으로 총집결하자
석가모니 부처님은 6.7주기에 테라 프로젝트를 위해
지구 행성의 로고스로 부임하였습니다.

하늘에서 천사들의 반란을 해결하기 위해 선정된 감옥행성인
지구 행성에 종교 매트릭스를 설치하기 위해
3천년 전에 석가모니 부처님의 삶을 살았습니다.

하늘에서 천사들의 반란을 해결하기 위해 선정된 감옥행성인
지구 행성에 종교 매트릭스를 설치하기 위해
석가모니는 3천년 전에 12제자와 함께 육화를 하셨습니다.
석가모니의 12제자들은 부처님을 보좌하던 12주영들입니다.

석가모니는 2천년 전에 하늘에서 있었던
천사들의 반란의 죄를 대속하기 위해
예수로 환생하여 십자가에서 죽임을 당하셨습니다.

세례 요한이 예수님이 가시는 길을 예비하였듯이
석가모니 부처님은 미륵 부처님인 창조주께서
땅으로 내려오시는 그 길을 예비하셨습니다.

석가모니 부처님은 조물주의 아들입니다.

석가모니 부처님은 미륵 부처님께서 땅위를 걸을 때
자신의 아버지를 증거할 것입니다.

석가모니는 3천년 전 그때처럼 이적과 기적의 설법을 통해
자신이 석가모니임을 스스로 증거할 것입니다.

석가모니 부처님은 육신의 옷을 입은 미륵 부처님과 함께
땅위를 걷게 될 것입니다.

석가모니 부처님은
육신의 옷을 입은 광명불인 비로자나 부처님을 도와
지구 행성이 물질세계의 자미원이 되는데
최선을 다할 것입니다.

부처님의 시대가 시작되었음을 전합니다.
미륵 부처님의 시대가 시작되었음을 전합니다.

진공묘유의 시대에서 창조묘유의 시대로

대우주 밖에서 대우주를 운영하시던
온전한 창조주 하나님을 진공묘유(眞空妙有)라 합니다.

대우주 밖에서 천지인 삼황을 통하여
간접적으로 대우주를 운영하시던 온전한 창조주 하나님을
진공묘유라 합니다.

대우주 밖에서 지역 우주 창조주들을 통하여
간접적으로 대우주를 운영하시던 온전한 창조주 하나님을
진공묘유라 합니다.

대우주 밖에서 진공묘유 시스템을 통하여
선천의 대우주를 운영하시던 온전한 창조주 하나님을
진공묘유라 합니다.

대우주 밖에서 파생의식을 통하여
선천의 대우주를 운영하시던 온전한 창조주 하나님을
진공묘유라 합니다.

선천의 시대의 대우주의 주재자는 진공묘유입니다.
선천의 시대는 봉건제도처럼 지역 자치제로 운영되었습니다.

선천의 시대는 진공묘유의 파생의식들에 의해 운영되었습니다.
선천의 시대는 천지인 삼황에 의해 운영되었습니다.

선천의 시대는 후천의 시대를 열기 위한 진화의 과정이었습니다.
선천의 시대는 진공묘유의 창조주 하나님께서
땅으로 내려오기 위한 준비 과정이었습니다.

선천의 시대는 진공묘유에 계시는 창조주 하나님께서
마음껏 뛰어놀 수 있는 무대를 만드는 과정이었습니다.
선천의 시대는 진공묘유에 계시는 창조주 하나님께서
인간의 육신의 옷을 입고 땅으로 내려오기 위한 과정이었습니다.

인간의 육신의 옷을 입고 펼치는 온전한 창조주 하나님의 시대를
후천의 시대라고 합니다.

인간의 육신의 옷을 입고 펼치는 온전한 창조주 하나님을
창조묘유(創造妙有)라고 합니다.

인간의 육신의 옷을 입고 펼치는
온전한 창조주 하나님을 보좌하는 시스템을
창조묘유 시스템이라고 합니다.

하늘이 땅으로 내려오는 과정은
진공묘유의 의식이 창조묘유의 의식으로
흡수되고 통합되는 과정입니다.

하늘이 땅으로 내려오는 과정은
진공묘유의 의식이 창조묘유의 의식으로 전환되는 과정입니다.

하늘이 땅으로 내려오는 과정은
진공묘유의 시스템들이
창조묘유의 시스템으로 흡수 통합되는 과정입니다.

하늘이 땅으로 내려오는 과정은
진공묘유의 시스템들이
창조묘유의 시스템으로 전환되는 과정입니다.

하늘이 땅으로 내려오는 과정은
천지인 삼황이 창조묘유의 의식으로 흡수 통합되는 과정입니다.

하늘이 땅으로 내려오는 과정은
천지인 삼황의 시스템들이
창조묘유의 시스템으로 전환되는 과정입니다.

하늘이 땅으로 내려오는 과정은
지역 우주 창조주들이
창조묘유의 의식으로 흡수 통합되는 과정입니다.

하늘이 땅으로 내려오는 과정은
지역 우주를 통치하는 시스템들이
창조묘유의 시스템으로 전환되는 과정입니다.

하늘이 땅으로 내려오는 과정은
지구 행성이 창조묘유가 통치하는 항행성으로 전환되는 과정입니다.

하늘이 땅으로 내려오는 과정은
지구 행성이 대우주의 주재자인 창조묘유께서 계시는
대우주의 중심으로 전환되는 과정입니다.

2023년 5월 2일 10시
선천의 우주를 이끌어왔던 진공묘유의 파생의식들이
임무와 역할을 모두 마치고 소각 처리되었습니다.

2023년 5월 3일 10시
선천의 우주를 이끌어왔던
마지막까지 그 역할을 하고 있었던 천지인 삼황의 시스템들이
임무와 역할을 모두 마치고 소각 처리되었습니다.

2023년 4월 27일 오후 3시부터
2023년 5월 3일 오전 11시까지
육신의 옷을 입은 창조묘유의 몸에서
선천의 진공묘유의 의식이
후천의 창조묘유의 의식으로
전환하는 과정이 진행되었습니다.

2023년 5월 3일 오전 11시 20분
육신의 옷을 입은 온전한 창조주 하나님의 몸에서

후천의 시대를 열어갈 온전한 창조주 하나님의 의식인
창조묘유의 의식이 탄생되었습니다.

2023년 5월 3일 오후 2시 30분
후천의 시대를 열어갈 창조묘유의 의식에 의해
후천의 시대를 이끌어갈 창조묘유의 시스템들이
가동을 시작하였습니다.

기록의 필요성이 있어
정리의 필요성이 있어
우데카 팀장이 이 글을 기록으로 남깁니다.

해인海印의 비밀

진리는 찾는 것이 아니라
진리에 공감하는 것입니다.

진리는 찾는 것이 아니라
진리에 공명하는 것입니다.

진리는 찾는 것이 아니라
진리와 함께하는 것입니다.

진리는 찾는 것이 아니라
진리라고 인정하는 것입니다.

진리는 찾는 것이 아니라
진리를 보았을 때 진리임을 알아보는 것입니다.

진리는 찾는 것이 아니라
진리를 들었을 때 진리임을 알아채는 것입니다.

진리는 찾는 것이 아니라
진리를 만났을 때 진리임을 눈치채는 것입니다.

진리는 찾는 것이 아니라
의미를 부여하는 것입니다.

의미는 찾는 것이 아니라
의미를 부여하는 것입니다.

진리는 찾는 것이 아니라
해석하는 것입니다.

진리는 찾는 것이 아니라
찰나에 그냥 알아지는 것입니다.

한순간에
찰나의 순간에 알아지는 것이 있는데
이것을 해인(海印)이라 합니다.

진리는 찾는 것이 아니라
내 안에 있는 것을 꺼내어 쓰는 것입니다.

내 안에 있는 것을 꺼내어 쓰는 것을
기억한다라고 합니다.

진리는 찾는 것이 아니라
내 안에 있는 것을 기억해 내는 것입니다.

진리는 찾는 것이 아니라
그냥 아는 것을 말합니다.

그냥 안다는 것은
메타(meta)인지의 상태를 말합니다.

메타인지의 상태에서 의식의 확장이 일어나는데
이것을 해인이라 합니다.

찰나의 순간에 내가 기억해낸 우주의 진리를
해인이라 합니다.

빛은 색(色)을 낳고
색은 신(神)의 깃발이라
일곱색깔 무지개에 흰색과 검은색이라
삼변정기의 물질세계에서 해인의 숫자는 9라

제2부

창조주의 권능

봉황은 창조주의 권능을 펼치는 하늘의 시스템을 상징합니다.

원판은 창조주의 권능을 실현하는 거대한 하드웨어입니다.

사고조절자는 창조주의 권능을 실현하는 소프트웨어입니다.

용 시스템은 창조주의 권능을 물질세계에서 펼치는 시스템입니다.

빛의 생명나무는 생명의 생로병사를 결정하는

창조주의 권능을 상징합니다.

봉황과 여의주의 비밀

봉황은 창조주의 권능을 상징하는 상상속의 새입니다.
봉황은 창조주의 권능이 땅에서 펼쳐짐을 상징합니다.
봉황은 창조주의 권능을 상징하는 새로서 암수로 되어 있으며
이것을 쌍봉황이라고 합니다.

봉황은 암수 모두 여의주를 물고 있으며
수컷 봉황만이 입에서 불을 뿜어낼 수 있습니다.

봉황은 창조주의 권능을 펼치는 하늘의 시스템을 상징합니다.
봉황은 창조주의 권능을 물질세계로 펼치는 하늘의 시스템 중
가장 핵심적인 시스템을 상징합니다.

봉황이 난다는 것은 땅에서 하늘의 시스템의 완성을 의미합니다.
봉황이 난다는 것은 창조주의 출현을 의미합니다.
봉황이 난다는 것은 창조주의 권능이 펼쳐짐을 의미합니다.

봉황이 입에 물고 있는 여의주는
창조주만이 가지고 있는 종합적 사고조절자를 의미합니다.
봉황이 입에 물고 있는 여의주는
대우주를 운영하는 초거대 사고조절자와 거대 사고조절자를
통제하고 관리하는 시스템을 의미합니다.

암컷 봉황이 입에 물고 있는 여의주는
창조주 의식의 여성성을 상징합니다.
암컷 봉황이 입에 물고 있는 여의주는 생명의 정수를 상징합니다.

수컷 봉황이 입에 물고 있는 여의주는
창조주 의식의 남성성을 상징합니다.
수컷 봉황이 입에 물고 있는 여의주는 생명의 불꽃을 상징합니다.
수컷 봉황이 입에서 내뿜고 있는 불은 창조주의 권능을 상징합니다.

쌍봉황이 난다는 것은 창조주의 시대가 시작됨을 의미합니다.
쌍봉황이 난다는 것은
하늘이 땅이 되고 땅이 하늘이 됨을 의미합니다.
쌍봉황이 난다는 것은 육신의 옷을 입은 창조주의 권능이
물질세계에서 이적과 기적으로 펼쳐진다는 것을 의미합니다.

봉황은 인류들에게 창조주의 출현을 알리는 상징코드입니다.
봉황은 단지파에게 창조주의 출현을 알리는 상징코드입니다.
봉황은 천손민족인 한민족에게
한반도에서 창조주의 출현이 있음을 알리는 상징코드입니다.

창조주께서 지구 행성으로 내려오기 위한 계획을
테라 프로젝트(terra project)라고 합니다.

창조주께서 지구 행성으로 내려오기 위한
계획이 시작된 시기는 4주기 초입니다.

창조주께서 땅으로 내려와 육신의 옷을 입고
대우주를 통치하겠다는 계획이 본격적으로 시작되는 시기는
6주기 중반부터입니다.

창조주께서 하늘의 모든 시스템을 땅으로 이전하는 수도이전이
본격적으로 실행되는 시기는 6주기 말입니다.

봉황이라는 개념이 우주에 처음 등장하는 시기는 6주기 중반이며
봉황 시스템이 우주에 처음 탄생되는 시기는 6주기 말입니다.

봉황 시스템은 땅으로 내려온 창조주와 함께할 것입니다.
봉황 시스템은 창조주의 권능이 물질세계에 잘 드러나게 하는
하늘의 시스템입니다.

쌍봉황이 여의주에 불을 밝히고
지구 행성에 날아오르기 시작하였습니다.
쌍봉황이 여의주에 불을 밝히고
지구 행성에서 처음으로 시범 비행이 있었습니다.

봉황 시스템이 본격적으로 가동되기 시작하면서
창조주의 권능이 비로소 땅에서 펼쳐지기 시작하였습니다.

기록의 필요성이 있어
정리의 필요성이 있어
우데카 팀장이 이 글을 남깁니다.

선천의 대우주 통치 시스템

창조주의 명령권을 우주에서는 금척(金尺)이라고 합니다.
창조주의 권능을 상징하는 것을 우주에서는 금척이라고 합니다.

창조주의 의식을 구현하는 시스템을 원방각이라고 합니다.
창조주께서 사용하는 메타 의식구현 시스템을
우주에서는 원방각 시스템이라고 합니다.

선천의 시대를 대표하는 대우주 통치 시스템은 봉황 시스템입니다.
선천의 시대에 봉황 시스템을 뒷받침하는 시스템들 중
대표적인 것이 원방각 시스템입니다.

선천의 시대에는 창조주 의식의 분화들이 우주 곳곳에 파견되어
간접적으로 대우주를 통치하였습니다.

선천의 시대에는 창조주 의식의 분화들과
봉황 시스템이 서로 연합하여 대우주를 통치하였습니다.

선천의 시대에는 창조주의 의식의 분화들과
원방각 시스템이 서로 연합하여 대우주를 통치하였습니다.

선천의 시대에는 창조근원의 시스템들과 근원의 근원의 시스템들과

모태근원의 시스템들이 역할 분담을 통하여 대우주를 통치하였습니다.

후천의 시대를 열기 위해 제로 포인트 기간에
창조근원의 의식과 근원의 근원의 의식과
모태근원의 의식이 통합이 이루어져
온전한 창조주 하나님의 의식이 탄생되었습니다.

후천의 시대를 열기 위해 제로 포인트 기간에
창조근원의 시스템들과 근원의 근원의 시스템들과
모태근원의 시스템들이 통합이 이루어졌습니다.

선천의 대우주 통치 시스템은 다음과 같습니다.

창조주 하나님의 모든 권능은 사고조절자와 원판에서 나옵니다.
대우주의 통치를 위한 헌법과 법률에 해당되는 것이 원판입니다.

원판의 주인은 창조주 하나님입니다.
원판에 대한 창조주 하나님의 명령권을 우주에서는 금척이라고 합니다.

선천의 대우주 통치 시스템을 원방각 시스템이라 합니다.
선천의 시대는 금척과 원방각 시스템을 통하여 운영되었습니다.

선천의 시대에 19차원에서 7차원까지
대우주를 통치하는 시스템이 있었는데
이것을 봉황 시스템이라고 합니다.

선천의 시대에 1차원부터 6차원까지의 대우주 통치는
우주 함선들이 담당하였습니다.

선천의 시대에는 창조주의 빛 36가지로 운영되었습니다.
후천의 시대에는 창조주의 빛 48가지로 운영될 것입니다.

후천의 시대에는 1차원부터 19차원까지 모든 차원을 관리하는
임마누엘 시스템이 창조되었습니다.
후천의 시대에 새롭게 임마누엘 시스템이 창조되면서
육신의 옷을 입은 창조주께서
대우주를 땅에서 직접 통치할 수 있게 되었습니다.

창조주 하나님의 권능은 원판과 사고조절자 시스템에서 나옵니다.
창조주 하나님의 권능은 빛의 생명나무에서 나옵니다.

창조주 하나님의 권능은 시간을 관리하는 시간조절자에서 나옵니다.
창조주 하나님의 권능은 공간을 창조하고 관리하는
공간 창조 시스템에서 나옵니다.

창조주 하나님의 권능은 우주 함선들을 통해 발현됩니다.
창조주 하나님의 권능은 최첨단 우주 공학기술에서 발현됩니다.
창조주 하나님의 권능은 천사들에 대한 명령권에서 나옵니다.

기록의 필요성이 있어 정리의 필요성이 있어
이 글을 기록으로 남깁니다.

후천의 대우주 통치 시스템

창조주의 명령권을 우주에서는 금척령이라고 합니다.
창조주의 권능을 상징하는 것을 우주에서는 금척이라고 합니다.

창조주의 의식을 구현하는 메타 의식구현 시스템을
후천의 우주에서는 금척 시스템이라고 합니다.

2022년 11월 10일 오후 3시
대우주의 금척 시스템이 창조주의 몸에서 완성되었습니다.

창조주 하나님의 모든 권능은 사고조절자와 원판에서 나옵니다.
대우주의 통치를 위한 헌법과 법률에 해당되는 것이 원판입니다.
원판에 대한 명령권한을 가진 존재만이 대우주의 주인이 됩니다.

원판의 주인은 창조주 하나님입니다.
원판에 대한 창조주 하나님의 명령권을 우주에서는 금척이라고 합니다.
사고조절자에 대한 창조주 하나님의 명령권을 금척이라고 합니다.

창조주 하나님은 원판과 사고조절자를 통하여
대우주를 관리하며 통치합니다.
땅으로 내려오신 창조주 하나님은 빛의 생명나무 시스템을 통하여
대우주를 관리하며 통치합니다.

땅으로 내려오신 창조주 하나님의 통치 시스템의 컨트롤 센터는
금척 시스템입니다.

땅으로 내려오신 창조주 하나님의 시스템 중 임마누엘 시스템은
금척 시스템을 백업하면서 대우주를 통치합니다.

임마누엘 시스템을 창조하기 위해 대우주의 2주기가 필요하였습니다.
임마누엘 시스템은 1차원부터 19차원의 모든 차원을 통제하고
관리할 수 있는 시스템입니다.

임마누엘 시스템이 있었기에 창조주께서 땅으로 내려와서
지상의 자미원을 열 수 있었습니다.

임마누엘 시스템이 있었기에 후천의 시대에는
대우주를 직접적으로 통치할 수 있게 되었습니다.

임마누엘(Immanuel)의 뜻은 대우주 곳곳에
창조주 하나님이 너희와 함께 하신다는 뜻입니다.

땅으로 내려오신 창조주의 시스템 중
9개의 거대 함선은 대우주를 통치하는 함선들입니다.

땅으로 내려오신 창조주의 시스템 중 성전 시스템은
대우주 통치의 기준점인 영점을 담당하고 있습니다.

땅으로 내려오신 창조주의 자미원 시스템은
임마누엘 시스템과 함께 대우주를 통치하게 될 것입니다.

땅으로 내려오신 창조주의 시스템 중 하나님 시스템은
대우주 전체를 통치하는 시스템들을 백업해주는 시스템입니다.

땅으로 내려오신 창조주의 시스템 중 관제 시스템은
대우주에 문제가 있는 곳에 직접 개입하여
시정조치를 취할 수 있는 대우주 통치 시스템입니다.

후천의 시대를 열기 위해
육신의 옷을 입은 창조주께서는
말이 법이 되는 금척 시스템과 임마누엘 시스템을 통하여
대우주를 통치하게 될 것입니다.

육신의 옷을 입은 창조주께서는
관제 시스템과 우주 함선들을 통하여
물질세계의 자미원 시대를 열어갈 것입니다.

육신의 옷을 입은 창조주께서는
자미원 시스템과 하나님 시스템을 통하여
후천의 세상인 만인성불의 시대를 열어갈 것입니다.

기록의 필요성이 있어 정리의 필요성이 있어
이 글을 기록으로 남깁니다.

금척령이란 무엇인가?

창조주의 의식을 구현하는 시스템을 원방각이라고 합니다.
창조주께서 사용하는 메타 의식구현 시스템을
원방각 시스템이라고 합니다.

원방각 시스템이란 창조주께서 대우주를 통치하는
모든 통치 시스템들을 말합니다.
원방각 시스템 안에는 대우주를 관리하고 통치할 수 있는
수십만 개의 시스템으로 가득 차 있습니다.

창조주의 의식은 원방각 시스템을 통하여 구현됩니다.
창조주는 원방각 시스템을 통하여 대우주를 통치하고 있습니다.

창조주의 명령권을 우주에서는 금척령이라고 합니다.
창조주께서는 금척령을 통해
원방각 시스템을 관리하고 운영하고 있습니다.

창조주의 권능은 공간을 통제하는 것에서부터 시작됩니다.
창조주의 권능은 시간을 통제하는 것에서부터 시작됩니다.

공간을 지배하는 존재만이 대우주를 지배할 수 있습니다.
시간을 지배하는 존재만이 대우주를 통치할 수 있습니다.

시간은 금입니다.
시간을 통제하는 창조주의 권능을 금척이라고 합니다.
대우주에 있는 모든 시간을 통제하는 창조주의 권능을
금척이라고 합니다.

시간을 통제한다는 것은
시간이 흐르고 있는 공간을 통제한다는 것을 의미합니다.
대우주에 있는 시간을 통제한다는 것은
대우주에 건설된 모든 차원간 공간들을
통제할 수 있다는 것을 의미합니다.

금척이란 시간을 통제하는 창조주의 권능을 상징합니다.
금척이란 시간과 공간을 통제하는 창조주의 권능을 상징합니다.
금척이란 시간을 통제할 수 있는 시간조절자 시스템을 말합니다.

금척령이란 시간조절자를 통하여
대우주에 있는 모든 시간과 공간속에서 집행되는
창조주의 명령권을 의미합니다.

금척령이란 시간조절자를 통하여
창조주의 명령이 대우주에 있는
모든 차원간 공간에 집행됨을 의미합니다.

금척령이란 시간조절자를 통하여 창조주의 명령이
과거와 현재와 미래를 자유롭게 이동하면서 집행됨을 의미합니다.

금척령이 발동된다는 것은 시간을 통제하는 시간조절자 시스템이
가동된다는 것을 의미합니다.

금척령이 발동된다는 것은 차원간 공간속에 흐르는 시간을 통제하여
창조주의 명령이 집행된다는 것을 의미합니다.

금척령이 발동된다는 것은
과거와 현재와 미래가 연속적으로 통합되어
창조주의 명령이 집행된다는 것을 의미합니다.

금척령이 발동된다는 것은 지금 인류의 의식수준에서 보면
타임머신이 작동되어 창조주의 명령이 집행된다는 것을 의미합니다.

금척령이 발동된다는 것은 웜홀이나 블랙홀을 통하여
시간과 공간의 이동을 통하여
창조주의 명령이 집행된다는 것을 의미합니다.

금척령이 발동된다는 것은 시간조절자 시스템을 통하여
창조주의 권능을 상징하는
원판과 사고조절자를 통제하는 것을 의미합니다.

금척령이 발동된다는 것은 시간조절자 시스템을 통하여
지금 이 시간에 창조주의 명령이
대우주에 동시성으로 구현됨을 의미합니다.

금척령이 발동된다는 것은 창조주의 명령을 수행하기 위하여
1초를 5천만분의 1로 쪼개어 쓸 수 있는
우주 공학기술이 발현된다는 것을 의미합니다.

금척령이 발동된다는 것은 창조주의 명령을 수행하기 위하여
한 시간을 백 년처럼 사용할 수 있는
우주 공학기술이 가동된다는 것을 의미합니다.

금척령이 발동된다는 것은
창조주의 명령을 한 치의 오차없이 수행하기 위하여
하루를 천년처럼 사용할 수 있다는 것을 의미합니다.

금척령이 발동된다는 것은 시간조절자를 통하여
대우주 곳곳에 창조주의 명령이 한 치의 오차없이
동시간대에 대우주에 집행되는 것을 의미합니다.

기록의 필요성이 있어
정리의 필요성이 있어
이 글을 기록으로 남깁니다.

원판과 사고조절자에 대한 정리

창조주 하나님의 모든 권능은 사고조절사와 원판에서 나옵니다.
대우주의 통치를 위한 헌법과 법률에 해당되는 것이 원판입니다.
원판에 대한 명령권한을 가진 존재만이
대우주의 주인이 됩니다.

원판의 주인이 창조주 하나님이며
원판이 창조주 하나님의 징표입니다.

원판에는 창조주 하나님이 스스로 정한
대우주의 통치 원칙을 담고 있습니다.
원판에는 창조주 하나님이
대우주의 주기마다 펼치고자 하는 프로그램들이 있습니다.

원판은 창조주 하나님의 거대한 의식을 담고 있는 거대한 시스템입니다.
원판은 창조주 하나님에 의해 집행이 이루어집니다.
원판은 대우주의 수레바퀴를 굴리는 거대한 시스템입니다.

원판은 사고조절자를 통하여 발현이 됩니다.
원판은 사고조절자의 도움없이 발현될 수 없습니다.
원판은 사고조절자와 동전의 양면처럼 늘 함께하고 있습니다.

원판은 하늘의 모든 시스템들을 관리하고 통치합니다.
원판에 근거하여 하늘의 시스템이 운영됩니다.
원판에 근거하여 우주 함선들이 작전을 수행합니다.

원판은 대우주의 주기별로 작성이 이루어집니다.
원판의 내용이 크게 변하는 것이 대우주의 주기입니다.
원판은 창조주 하나님에 의해 새롭게 창조되고 진화합니다.

원판의 역사가 대우주의 역사이며 대우주의 진화입니다.
원판은 제로 포인트 기간에 창조주에 의해 변경이 이루어집니다.
원판은 창조주의 전용 메타 의식구현 시스템을 통해 작동됩니다.

원판은 창조주의 권능을 실현하는 거대한 하드웨어입니다.
원판은 피드백을 통해 스스로의 오류를 바로잡습니다.
원판과 사고조절자는 피드백을 통해
창조주의 대우주 통치를 보좌하고 있습니다.

사고조절자는 창조주의 권능이 담긴 소프트웨어입니다.
사고조절자는 창조주의 권능을 상징합니다.
사고조절자를 통해서 원판은 가동될 수 있습니다.

사고조절자는 창조주에 의해 탄생됩니다.
사고조절자는 창조주에 의해 관리됩니다.
사고조절자는 창조주의 의식이 집약된 보물창고입니다.

사고조절자는 스스로 의식을 가지고 있습니다.
사고조절자는 사고조절자 발현 시스템을 통해 발현됩니다.
사고조절자는 대우주의 설계도면과도 같습니다.

사고조절자에는 대우주의 창조원리가 들어있습니다.
사고조절자에는 공간과 시간의 창조원리가 들어있습니다.
사고조절자에는 비물질세계의 창조원리가 들어있습니다.

사고조절자에는 물질세계의 창조원리가 들어있습니다.
사고조절자에는 물질문명에 대한 모든 콘텐츠들이 들어있습니다.
사고조절자에는 정신문명에 대한 모든 콘텐츠들이 들어있습니다.

창조주의 권능은 원판과 사고조절자에서 나옵니다.
창조주의 권능은 빛의 생명나무에서 나옵니다.
창조주의 권능은 생명유지 시스템에서 나옵니다.

창조주의 권능은 시간을 관리하는 시간조절자에서 나옵니다.
창조주의 권능은 다양한 통치 시스템에서 나옵니다.
창조주의 권능은
창조주 전용 메타 의식구현 시스템에서 나옵니다.

창조주의 권능은 우주 함선들을 통해 발현됩니다.
창조주의 권능은 최첨단 우주 공학기술에서 발현됩니다.
창조주의 권능은 천사들에 대한 명령권에서 나옵니다.

후천의 시대를 열기 위해
육신의 옷을 입은 창조주에게
이 모든 시스템들이 연결되어 그 권능이 펼쳐질 것입니다.

육신의 옷을 입은 창조주는
이 모든 시스템들을 통하여
이적과 기적을 통하여 창조주의 시대를 열어갈 것입니다.

육신의 옷을 입은 창조주는
이 모든 시스템들을 이용하여
만인성불의 시대를 열어갈 것입니다.

기록의 필요성이 있어
정리의 필요성이 있어
이 글을 기록으로 남깁니다.

사고조절자의 종류와 크기

창조주는 빛으로 일합니다.
창조주는 우주 최고의 빛의 연금술사입니다.

창조주의 의식에서 빛이 창조되었습니다.
창조주의 의식을 담고 있는 것이 사고조절자입니다.

사고조절자는 대우주의 수레바퀴를 움직이는 실체입니다.
사고조절자는 대우주의 진화를 이끄는 보이지 않는 실체입니다.
사고조절자는 항성과 행성의 진화를 이끄는 보이지 않는 손입니다.

사고조절자는 높은 차원일수록 숫자가 많이 부여됩니다.
사고조절자는 높은 차원일수록 크기가 더 커지게 됩니다.

사고조절자의 종류는 차원의 진동수에 맞게 세팅됩니다.
사고조절자의 크기는 차원의 진동수에 맞게 세팅됩니다.

사고조절자는 진리의 영과 거룩한 영의 시스템을 만나야
의식을 구현할 수 있습니다.

사고조절자와 진리의 영과 거룩한 영이 서로 만나
영의식을 구현하는데 이것을 영의 탄생이라고 합니다.

사고조절자는 영의 80% 이상을 차지합니다.
인간의 몸에서 영은 심장의 차원간 공간에 존재하고 있습니다.

사고조절자는 영혼의 진화를 이끄는 보이지 않는 실체입니다.
사고조절자는 영의 진화를 이끄는 보이지 않는 손입니다.

사고조절자는 생명체의 향락을 이끄는 보이지 않는 실체입니다.
사고조절자는 생명체의 고유성을 나타내는 보이지 않는 손입니다.

사고조절자의 종류는 다음과 같습니다.

첫번째
초거대 사고조절자는 대우주를 끌고 가는 기관차입니다.
초거대 사고조절자의 크기는 태양계의 32배입니다.

초거대 사고조절자는 대우주의 수레바퀴를 돌릴 수 있을 만큼
거대한 창조주 의식으로 구성되어 있습니다.
초거대 사고조절자는 대우주의 한 주기를 이끌고 나갈 수 있을 만큼
풍부한 창조주 의식을 담고 있습니다.

창조주께서 계신 지구 행성에 초거대 사고조절자가 연결되어
가동되기 시작하였습니다.

두번째
거대 사고조절자는 은하들을 이끌고 가는 기관차입니다.

거대 사고조절자의 하나의 크기는 태양만 합니다.
거대 사고조절자 여럿이 모여 은하들의 진화를 이끌고 있습니다.

거대 사고조절자는 대우주를 움직이는
하늘의 시스템들을 움직이는 사고조절자입니다.
거대 사고조절자는 땅으로 내려온 하늘의 시스템들을 움직이는
창조주의 의식을 담고 있습니다.

세번째
행성 가이아 사고조절자는
행성 가이아 의식을 주관하는 사고조절자입니다.
행성 가이아 사고조절자는
행성의 가이아 게(Ge) 에너지를 주관하는 사고조절자입니다.

행성 가이아 사고조절자는 행성의 내핵에 위치해 있습니다.
행성 가이아 사고조절자 크기는 행성의 내핵의 1/10입니다.

행성 가이아 사고조절자는 창조주의 명령에 의해서만 가동됩니다.
행성 가이아 사고조절자는 행성의 진화로드맵을 가지고 있습니다.
행성 가이아 사고조절자는 행성의 운명을 결정하게 됩니다.

네번째
항성 가이아 사고조절자는 태양들의 의식을 주관하고 있습니다.
항성 가이아 사고조절자는 태양들의 가이아 게(Ge) 에너지를
주관하고 있습니다.

항성 가이아 사고조절자는 태양들의 내핵에 존재하고 있습니다.
항성 가이아 사고조절자 크기는 태양의 내핵의 1/4입니다.

항성 가이아 사고조절자는 창조주의 명령에 의해서만 가동됩니다.
항성 가이아 사고조절자는 항성의 진화로드맵을 담고 있습니다.
항성 가이아 사고조절자는 항성의 운명을 결정하게 됩니다.

다섯번째
유토피언 사고조절자는 19차원의 유토피언들에게만 수여되는
사고조절자입니다.
유토피언 사고조절자는 유토피언이 아니면 발현될 수 없습니다.

유토피언 사고조절자는
유토피언을 유토피언답게 만드는 사고조절자입니다.
유토피언 사고조절자의 크기는
18차원의 12주영보다 5배정도 큽니다.

여섯번째
선천적 사고조절자는 천사들에게 창조주께서 수여하는 것입니다.
선천적 사고조절자는 천사들의 우주적 신분을 결정합니다.
선천적 사고조절자는 천사들의 개별성과 고유성을 결정합니다.
선천적 사고조절자는 천사들의 임무와 역할을 결정하게 됩니다.

선천적 사고조절자의 종류는 12입니다.
선천적 사고조절자의 하나의 크기는

사람 머리의 3배에서 32배 정도로 다양합니다.
선천적 사고조절자는 지축이동 후
평균적으로 2배 정도로 확장될 예정입니다.

같은 차원의 우주적 신분을 가진 일반 영혼과
천사 영혼이 가지고 있는 선천적 사고조절자의 크기는
800배 이상 천사들의 선천적 사고조절자가 더 큽니다.

처음 태어난 18차원의 12주영과
18차원의 일반 천사들의 사고조절자의 크기는 같습니다.

처음 태어난 18차원의 12주영과
18차원의 일반 천사들의 사고조절자의 숫자는
12주영이 일반 천사보다 4배 이상입니다.

일곱번째
후천적 사고조절자는 일반 영혼이 창조될 때
창조주께서 수여하는 것입니다.
후천적 사고조절자는 영혼이 진화하는 행성의 환경이나 조건에 따라
다양하게 존재합니다.

후천적 사고조절자의 종류는 25입니다.
후천적 사고조절자의 크기는 자신이 가지고 있는
선천적 사고조절자 크기의 1/45로 매우 작습니다.

여덟번째

특수 사고조절자는 특수한 역할과 업무수행을 위해
추가적으로 수여되는 사고조절자입니다.

특수 사고조절자는 특수한 상황을 타개하기 위해
창조주께서 영혼에게 수여하는 사고조절자입니다.

창조주를 보좌하는 12주영들은
특수한 사고조절자를 부여받아 창조된 영들입니다.

사고조절자에 대한 기록의 필요성이 있어
우데카 팀장이 이 글을 기록으로 남깁니다.

빛의 생명나무에 대한 정리

빛의 생명나무는
파라다이스에 존재한다고 알려져 있습니다.
빛의 생명나무는
빛의 생명나무 관리자들에 의해
관리되고 운영되고 있습니다.

빛의 생명나무는
창조주 하나님의 권능을 상징합니다.
빛의 생명나무의 새로운 탄생은
창조주의 새로운 탄생(업그레이드)입니다.
빛의 생명나무를 통하여
창조주는 대우주의 생명체의 진화를
관리하고 운영하고 있습니다.
빛의 생명나무를 통하여
창조주는 생명의 탄생과 생명의 성장과
생명의 죽음에 관여하고 있습니다.

빛의 생명나무는
모든 생명의 근원입니다.
빛의 생명나무는
생명의 근원이 되는 빛을 공급하는 곳입니다.

빛의 생명나무의 빛으로
생명체들이 생명의 순환을 할 수 있습니다.
빛의 생명나무의 빛이 없는 곳에는
어떠한 생명체도 살 수 없습니다.
빛의 생명나무의 빛이 있는 곳에서만
생명체가 살아갈 수 있습니다.

빛의 생명나무의 에너지로부터
모든 생명체들이 탄생되었습니다.
빛의 생명나무의 에너지로부터
생명의 씨앗이 공급됩니다.
빛의 생명나무의 에너지를 통해
생명이 성장할 수 있습니다.
빛의 생명나무의 에너지를 통해
생명은 생식과 수정을 통해 자기 복제가 이루어질 수 있습니다.

빛의 생명나무의 에너지 시스템을 통해
행성에 무형의 생명의 씨앗들이 뿌려집니다.
빛의 생명나무의 에너지 시스템을 통해
뿌려진 생명의 씨앗에
창조주의 숨결이 에너지의 형태로 주입됩니다.
빛의 생명나무의 에너지 시스템을 통해
무형의 생명의 씨앗의 틀에
창조주의 숨결이 닿으면
무형의 생명의 씨앗이 유형의 생명체로 탄생이 이루어집니다.

빛의 생명나무의 에너지 시스템을 통해
유형의 생명체는 생로병사의 생명의 순환주기를 완성합니다.
빛의 생명나무의 에너지 시스템은
우주 함선들에 의해
생명체가 살고 있는 모든 은하와 항성과 행성에
빛의 생명나무의 빛을 공급하고 있습니다.

빛의 생명나무의 관리자들에 의해
빛으로 설계된 생명체의 다양한 외형들이 창조됩니다.
빛의 생명나무의 관리자들에 의해
창조주의 숨결(페르미온 에너지)이 대우주에 공급됩니다.
빛의 생명나무의 관리자들에 의해
창조주의 에너지(페르미아 에너지 = 정 에너지)가
대우주에 공급됩니다.
빛의 생명나무의 관리자들에 의해
생명의 순환을 마친 무형의 생명의 씨앗들은 회수되어 재활용됩니다.

빛의 생명나무의 관리자들에 의해
창조주의 숨결은 운영되며
생명체들의 탄생이 이루어집니다.
빛의 생명나무의 관리자들에 의해
창조주의 에너지는 운영되며
생명체들의 성장이 이루어집니다.
빛의 생명나무의 관리자들에 의해
생명체의 생명을 연장하는 백 에너지들이 운영되고 있습니다.

빛의 생명나무의 에너지를 회수하는 관리자들에 의해
생명체들은 원인을 알 수 없는 죽음인
천살을 맞아 죽게 됩니다.
빛의 생명나무의 관리자들에 의해
바이러스의 활동성이 결정됩니다.
빛의 생명나무의 관리자들에 의해
모든 생명체의 생명 활동들이 관리되고 통제되고 있습니다.

빛의 생명나무는
생명의 생로병사를 결정하는
창조주 하나님의 권능을 상징합니다.

빛의 생명나무는
생명에 대한 모든 정보를 가지고 있는
대우주의 슈퍼 컴퓨터에 비유할 수 있습니다.

빛의 생명나무는
생명에 대한 빅데이터를 가지고
대우주에 탄생된 모든 생명체들에게
생명의 에너지를 공급하고 있는 생명의 중심지입니다.

빛의 생명나무의 관리자들에 의해
생명의 창조에 관한 모든 정보들이 관리되고 있습니다.
빛의 생명나무의 관리자들에 의해
생명의 창조가 실질적으로 이루어지고 있습니다.

빛의 생명나무의 에너지체들과 빛의 생명나무는
창조주의 중심의식과 연결되어 있습니다.
빛의 생명나무와 빛의 생명나무의 에너지체들은
창조주의 중심의식으로 운영되고 있습니다.

시절인연이 되어
빛의 생명나무에 대한
대우주의 비밀(진리)을
깨어나고 있는 빛의 일꾼들과
의식이 깨어나고 있는 하늘 사람들을 위해
이 글을 기록으로 남깁니다.

용화세계와 용 시스템

하늘이 지구 행성으로 수도를 이전하였습니다.
땅으로 내려온 하늘의 시스템들이 완성되면서
가동을 시작하였습니다.

땅으로 내려온 하늘의 시스템들 중에 화룡점정에 해당되는
용 시스템이 완성되었습니다.

용 시스템은 땅으로 내려온 창조주의 권능이 펼쳐지는데
가장 중요한 역할을 하는 시스템입니다.
용 시스템은 이적과 기적을 펼치는데
핵심적인 역할을 하는 시스템입니다.
용 시스템은 모든 이적과 기적을 일으키는
하늘의 시스템들과 연결되어 있습니다.

2천년 전 예수님이 펼치신 이적과 기적은
17차원의 하늘의 시스템과 용 시스템이 만들어낸 것입니다.

용 시스템은 순식간에 에너지를 축소할 수도 있으며
순식간에 에너지를 수천만 배씩 확장할 수 있는 시스템입니다.

용 시스템은 빛을 소리로 전환시켜주는 시스템입니다.
용 시스템은 빛을 에너지로 전환시켜주는 시스템입니다.
용 시스템은 빛을 정보로 전환시켜주는 시스템입니다.

용 시스템은 높은 진동수를 가진 빛이 진동수가 낮은 물질세계에서
잘 작용할 수 있도록 하는 시스템입니다.

용 시스템은 높은 진동수를 가진 빛이 진동수가 낮은 물질세계에서
프리즘처럼 다양한 색으로 드러나게 하는 시스템입니다.

용 시스템은 높은 진동수를 가진 빛이 진동수가 낮은 물질세계에서
프리즘처럼 다양한 모양으로 드러나게 하는 시스템입니다.

용 시스템은 높은 진동수를 가진 빛이 진동수가 낮은 물질세계에서
잘 작용할 수 있도록 하는 촉매 시스템입니다.

용 시스템은 도체와 부도체 사이에 반도체가 있듯이
보이지 않는 하늘의 시스템에서 나온 에너지들을
물질세계로 나타나게 해주는 시스템입니다.

용 시스템은 비물질세계의 하늘의 시스템들과 물질세계의 시스템을
서로 연결해주는 시스템입니다.

용 시스템은 삼태극의 물질세계에 있는 1차원부터 12차원까지
모든 차원의 문을 열 수 있는 시스템입니다.

용 시스템은 삼태극의 물질세계에 있는 1차원부터 12차원까지
차원별로 존재하는 차원의 벽을 열 수 있는 시스템입니다.

용 시스템은 비물질세계의 하늘의 시스템과
생명체의 시스템들을 연결해주는 시스템입니다.

용 시스템은 공 기 색의 차원간 공간에 있는 무형의 에너지값들을
물질세계에 있는 색으로 나타낼 수 있도록 하는 시스템입니다.

용 시스템은 공 기 색의 차원간 공간에 있는 무형의 에너지값들을
물질세계에 있는 형상으로 나타낼 수 있도록 하는 시스템입니다.

용 시스템은 공 기 색의 차원간 공간에 있는 무형의 에너지값들을
4차원 물질세계에 직접적으로 드러나게 하는 시스템입니다.

용 시스템은 공 기 색의 차원간 공간에 있는 무형의 시스템들을
관리하고 보존하는 시스템입니다.

용 시스템은 삼변정기(三變正氣)의 과정을 거쳐
12차원의 물질세계에 도착한 창조주의 빛을
각 차원에 맞는 진동수로 전환시켜주는 시스템입니다.

용 시스템은 삼변정기의 과정을 거쳐
12차원의 물질세계에 도착한 창조주의 빛을
각 차원의 단계별로 진동수를 변환시켜주는 시스템입니다.

용 시스템은 삼변정기의 과정을 거쳐
12차원의 물질세계에 도착한 창조주의 빛이
삼라만상으로 잘 펼쳐질 수 있도록 하는 시스템입니다.

용 시스템은 삼변정기의 과정을 거쳐
12차원의 물질세계에 도착한 창조주의 빛이
만변정기의 빛이 되도록 하는 시스템입니다.

용 시스템은 삼변정기의 과정을 거쳐
삼태극의 물질세계에 도착한 창조주의 빛이
창조가 잘 일어나도록 하는 시스템입니다.

용 시스템은 삼변정기의 과정을 거쳐
삼태극의 물질세계에 도착한 창조주의 빛이
땅에서 잘 펼쳐질 수 있도록 하는 시스템입니다.

용 시스템은 삼변정기의 과정을 거쳐
삼태극의 물질세계에 도착한 창조주의 의식을
보호하고 수호하는 시스템입니다.

용 시스템은 삼변정기의 과정을 거쳐
삼태극의 물질세계에 도착한
창조주의 의식으로 탄생한 영혼을
보호하고 수호하는 시스템입니다.

용 시스템은 삼변정기의 과정을 거쳐
삼태극의 물질세계에 도착한
창조주의 숨결로 탄생한 생명체들을 보호하는 시스템입니다.

용 시스템은 창조주의 명령을 물질세계에서 집행하는 시스템입니다.
용 시스템은 창조주의 권능을 물질세계에서 펼치는 시스템입니다.

선천의 시대를 이끌어 왔던 용 시스템들이 폐기되고
후천의 시대를 이끌어갈 새로운 용 시스템이 탄생되었습니다.

후천의 시대에 땅으로 내려오신 하늘의 시스템들과
새롭게 탄생한 용들과 용 시스템이 함께
시험 가동을 시작하였습니다.

새롭게 탄생한 용들과 용 시스템은
창조주의 손과 발의 역할을 하게 될 것입니다.
새롭게 창조된 용들과 용 시스템은 창조주께서 펼치는
이적과 기적의 시대를 열게 될 것입니다.
새롭게 창조된 용들과 용 시스템은 후천의 시대에
용들이 펼치는 에너지의 세계인 용화세계를 열게 될 것입니다.

기록의 필요성이 있어
정리의 필요성이 있어
우데카 팀장이 이 글을 남깁니다.

일만 이천 도통군자의 비밀

일만 이천 도통군자들은 창조주께서 세상에 출세할 때
함께할 빛의 일꾼들을 말합니다.

144,000의 빛의 일꾼들은 창조주께서 세상에 출세할 때
신랑과 신부로 비유한다면
일만 이천 도통군자들은
창조주의 심복인 동시에 창조주의 비밀병기로 비유할 수 있습니다.

144,000의 빛의 일꾼들은 창조주께서 세상에 출세할 때
일반 행정직 공무원에 비유한다면
일만 이천 명의 도통군자들은
고시를 패스한 별정직 공무원에 비유할 수 있습니다.

144,000의 빛의 일꾼들이
인간의 육신의 옷을 입은 창조주의 손과 발에 비유한다면
일만 이천의 도통군자들은 머리에 해당됩니다.

144,000의 빛의 일꾼들이 대우주에 파견되는 외교관이라면
일만 이천 도통군자들은 창조주께서 통치하는 자미원에서만 일하는
전문직 고위 공직자에 비유할 수 있습니다.

144,000의 빛의 일꾼들이 왕이나 귀족의 신분이라면
일만 이천 도통군자들은 성인이나 영웅에 비유할 수 있습니다.

일만 이천 도통군자들은 땅으로 내려오신 창조주를 보좌하기 위해
육화한 천사장들을 말합니다.

일만 이천 도통군자들 중에 땅으로 내려오신 창조주를
최측근에서 보좌하는 역할이 있는 천사들일수록
우주적 신분이 높습니다.

일만 이천 도통군자들 중에 육신의 옷을 입은 창조주를
최측근에서 수행하는 역할이 있는 천사들일수록
창조주에 대한 충과 순종이 매우 높습니다.

일만 이천 도통군자들은
땅으로 내려오신 창조주의 대우주 통치를 돕기 위해 육화한
천사장들을 말합니다.

일만 이천 도통군자들은
땅으로 내려오신 창조주를 보좌하기 위해
육화한 19차원의 유토피언들을 말합니다.

일만 이천 도통군자들은
땅으로 내려오신 창조주께서 펼치시는 신정정치를 돕기 위해
육화한 유토피언 천사들을 말합니다.

일만 이천 도통군자들은 하늘에서 높은 벼슬을 하던
19차원의 신관그룹을 말합니다.

일만 이천 도통군자들은 하늘에서 우주 최고의 정보를 다루는
19차원의 신녀그룹을 말합니다.

일만 이천 도통군자들은 땅으로 내려오신 창조주와 함께
물질세계의 자미원을 건설하기 위해 육화한
신관그룹들을 말합니다.

일만 이천 도통군자들은 땅으로 내려오신 창조주와 함께
하늘의 진리를 땅에 펼치기 위해 육화한
신녀그룹들을 말합니다.

일만 이천 도통군자들은 육신의 옷을 입은 창조주께서
신정정치를 펼치는 것을 보좌하기 위해 육화한
천사장들을 말합니다.

일만 이천 도통군자들은 땅으로 내려오신 창조주와 함께
후천의 시대에 고차원의 물질문명을 펼치기 위해 육화한
19차원의 진동수를 가진 천사들을 말합니다.

일만 이천 도통군자들은 땅으로 내려오신 창조주와 함께
후천의 시대에 고도의 정신문명을 펼치기 위해 육화한
영혼그룹들을 말합니다.

일만 이천 도통군자들은 땅으로 내려오신 창조주와 함께
후천의 시대를 열기 위해 육화한
천상의 거장들을 말합니다.

일만 이천 도통군자들은
창조주를 보좌하기 위한 목적으로 창조된
각 분야의 최고 전문가 영혼그룹을 말합니다.

일만 이천 도통군자들은
창조주의 대우주 통치를 보좌하기 위한 목적으로 창조된
유토피언들을 말합니다.

기록의 필요성이 있어
정리의 필요성이 있어 이 글을 남깁니다.

유토피언 영혼그룹들의 특징

진공묘유에 계시는 온전한 창조주 하나님에 의해 창조된 특수 영들을
유토피언(Utopian)이라고 합니다.
19차원의 진동수를 가진 유토피언 천사들을 성골(聖骨)이라고 합니다.

유토피언들은 창조주 하나님의 분신들입니다.
유토피언들은 창조주 하나님의
한 부분만을 가지고 있는 분신들이며 천사장들입니다.

창조주 하나님의 의식으로 각 차원별로 창조된 에너지체들을
우주에서는 천사라고 합니다.

성골 유토피언들은 대우주의 오너인 온전한 창조주 하나님을
19차원에서 보좌하기 위해 창조된 천사를 말합니다.

진공 묘유에 계시는 온전한 창조주 하나님께서
18차원에서 대우주를 경영할 천지인 삼황을 창조하셨습니다.

천황은 공(空)의 세계를 주관하시는 선천의 창조주입니다.
천황을 창조근원이라 합니다.
천황에 의해 창조된 유토피언들이 있는데
이들을 진골(眞骨) 유토피언이라 합니다.

지황은 기(氣)의 세계를 주관하시는 선천의 창조주입니다.
지황을 근원의 근원이라 합니다.
지황에 의해 창조된 유토피언들이 있는데
이들을 진골 유토피언이라 합니다.

인황은 색(色)의 세계를 주관하시는 선천의 창조주입니다.
인황을 모태근원이라 합니다.
인황에 의해 창조된 유토피언들이 있는데
이들을 진골 유토피언이라 합니다.

선천의 시대에 삼황에 의해 탄생한 진골 유토피언들은
천지인 삼황을 보좌하는 역할을 수행하였습니다.

유토피언들은 대우주를 운영하는 시스템을 관리하기 위한
특수한 목적으로 창조된 유토피언들이 있습니다.

유토피언들은
창조주 하나님과 삼황의 창조주들의
대우주 통치를 보좌하기 위해 창조된 특수 영혼그룹입니다.

유토피언들은
전문화되고 특수한 사고조절자를 부여받은 천사장들입니다.

유토피언들은 천사들 중에 우주적 신분이 제일 높습니다.
유토피언들은 천사들 중에 영 에너지가 제일 큽니다.

유토피언들은 천사들 중에 가장 높은 영의식을 구현합니다.
유토피언들은 천사들 중에 가장 특수한 영혼그룹입니다.
유토피언들은 천사들 중에 가장 전문화된 영혼 그룹입니다.
유토피언들은 천사들 중에 가장 고도화된 의식을 구현합니다.

유토피언들은 각 분야의 최고 전문가그룹으로 활동하고 있습니다.
유토피언들은 각 분야의 최고 프로들로 활동하고 있습니다.
유토피언들은 각 분야에서 게임체인저의 역할을 하고 있습니다.

유토피언들은 역사에서 문명체인저의 역할을 담당하고 있습니다.
유토피언들은 역사에서 성인의 역할을 담당하는 영혼그룹입니다.
유토피언들은 역사에서 영웅의 역할을 담당하는
특수한 영혼그룹입니다.

유토피언들 중에는 높은 진동수를 가진 예술성이 풍부한 것들을
땅에 전달하기 위한 목적으로 창조된 천상의 거장들이 많습니다.

천재성이 있는 음악가나 화가들 중에 유토피언들이 많습니다.
천재성이 있는 학자나 철학자들 중에 유토피언들이 많습니다.
천재성이 있는 정치가와 경제인들 중에 유토피언들이 많습니다.

천재성이 있는 수학자나 과학자들 중에 유토피언들이 많습니다.
천재성이 있는 생명공학자들 중에 유토피언들이 많습니다.
천재성이 있는 공학자들 중에 유토피언들이 많습니다.

유토피언들은 창조주에 의해 창조된 금수저들입니다.
유토피언들은 창조성을 가지고 태어난 천재들입니다.
유토피언들은 문명의 발전에 꼭 필요한
창조적 소수의 역할을 하고 있는 하늘 사람들임을 전합니다.

지구 행성에 내려와
지구 행성의 정신문명과 물질문명의 발전에 기여한
모든 유토피언들에게 고마움과 감사함을 전합니다.

지구 행성의 차원상승 과정에서
빛의 일꾼으로 준비되고 있는 유토피언들에게
고마움과 감사함을 전합니다.

지구 행성에서 물질세계의 자미원을 건설하기 위해
빛의 일꾼으로 준비되고 있는
유토피언들에게 고마움과 감사함을 전합니다.

인간의 옷을 입고 계신
지상으로 내려오신 창조주 하나님을 보좌하기 위해
빛의 일꾼으로 준비되고 있는 유토피언들에게
고마움과 감사함을 전합니다.

유토피언들에 대한 기록의 필요성이 있어
우데카 팀장이 이 글을 기록으로 남깁니다.

시간 탄생의 비밀

시간은 행성마다 다릅니다.
시간은 차원마다 다릅니다.
시간은 반물질의 형태로 존재하는
탄트로니아라는 입자의 흐름에 의해 탄생합니다.
시간은 반물질의 형태로 존재하는
탄트로니아라는 입자의 밀도와 흐름에 따라
차원의 시간이 결정됩니다.

18차원에는 탄트리온이라는 반물질이 존재하지 않습니다.
시간을 탄생시키는 탄트리온 입자가 없기에
시간이 존재하지 않습니다.
17차원과 16차원은 시간의 입자인 탄트리온은 존재하지만
탄트리온 입자의 운동성이 없기 때문에
시간이 존재하지 않습니다.

태극의 세계에 존재하는 시간을 탄생시키는 반물질을
탄트리아라고 합니다.

삼태극의 물질세계에 존재하는
반물질 형태로 존재하는 시간의 입자를 탄트로니아라고 합니다.

시간의 입자를 우주에서는 탄트로니아라고 하며
"빛나는 성(별)"이란 의미를 가지고 있습니다.

시간을 탄생시키는 탄트로니아의
시간입자의 모양은 다음과 같습니다.
탄트로니아라는 시간의 입자는 공간에 떠 있습니다.
모양은 투명한 구형으로 존재합니다.

구형 모양의 내부에
구형으로 존재하는 무형의 기계장치가 있습니다.
무형의 기계장치 안에는 핵 역할을 하는
작은 점 모양의 칩(chip)이 있습니다.
이 무형의 기계장치의 비중(무게감)이
시간 입자의 밀도를 결정하게 됩니다.

시간 입자의 밀도가 높을수록
시간의 흐름이 느리게 흐르게 됩니다.
무극의 세계에 존재하는 탄트리온의 입자의 비중이 제일 높으며
물질세계에 존재하는 탄트로니아의 비중이 제일 낮아 가볍기 때문에
시간의 흐름이 빨라지게 됩니다.

차원이 낮을수록 시간의 입자는 가벼워
시간의 흐름이 빠르게 존재합니다.
차원이 높을수록 입자는 무거워지며
시간의 흐름이 느리게 흘러갑니다.

18차원은 시간의 개념이 없습니다.
17차원은 시간의 입자가 존재합니다.
17차원의 시간의 입자의 무게감은 묵직하며
16차원의 존재하는 시간의 입자는 조금 가볍습니다.
무극의 세계인 17차원과 16차원에서는
시간 입자의 비중만 다르게 존재하며
시간 입자의 움직임이 없기 때문에 시간을 느낄 수 없습니다.

태극 세계의 시간의 입자를 탄트리아라 합니다.
무극의 세계에 존재하는 시간의 입자보다 훨씬 가볍습니다.
15차원은 시간의 입자의 비중이 높으며
14차원과 13차원은 시간 입자의 비중이
15차원에 비해 상대적으로 낮습니다.
태극의 세계 역시 무극과 마찬가지로
시간 입자의 비중만 다르고 시간 입자의 흐름이 없기 때문에
시간을 느끼지 못합니다.

무극의 세계와 태극의 세계는 비물질의 세계입니다.
무극의 세계는 순수한 공의 세계이며
태극의 세계는 순수한 기의 세계입니다.
무극의 세계는 태극의 세계를 관리하는 차원입니다.
비물질세계의 관리를 위해 존재하는
태극의 세계는 시간이 존재하지 않습니다.
물질세계를 관리하는 홀수 차원에는
시간의 흐름이 존재하지 않습니다.

카르마 위원회와 환생 위원회가 존재하는
11차원에는 시간의 흐름이 존재하지 않습니다.
천상정부 고위위원회가 존재하는 9차원에는 시간이 없습니다.
천상정부가 존재하는 7차원 역시 시간이 존재하지 않습니다.
행성의 영단이 존재하는 5차원 역시
시간의 흐름이 존재하지 않습니다.

물질세계를 관리하는 홀수 차원은 시간의 흐름이 존재하지 않습니다.
시간의 입자가 존재하지 않으며
과거와 미래와 현재가 존재하지 않습니다.

행성을 관리하고 항성을 관리하고
영혼의 진화를 관리하는 하늘이
과거와 현재와 미래라는 시간의 흐름에 영향을 받지 않아야
물질 세상을 온전하게 관리하고 통제할 수 있기 때문입니다.

시간의 흐름에 따라 변화무쌍한 색의 세계는
시간의 흐름이 없는 곳에서 안정적으로 관리되어야 합니다.
시간의 흐름이 없는 곳이 인류가 알고 있는 하늘의 실체입니다.
하늘에 있는 시간은 과거와 현재와 미래가 통합되어 있습니다.
과거와 현재와 미래가 통합되어 존재하는
하늘의 시간을 평행 우주라고 합니다.

물질세계를 관리하는 홀수 차원은
에너지체들이 존재하는 차원입니다.

에너지체들인 천사들이 존재하는 하늘은
과거와 현재와 미래가 통합되어 있으며
시간이 존재하지 않는 평행 우주속에 존재하고 있습니다.

하늘의 시간과 땅의 시간은 다릅니다.
행성마다 서로 다른 시간을 가지고 있습니다.
물질세계인 4차원과 6차원과 8차원과
10차원과 12차원은 모두 시간의 흐름이 다르게 존재합니다.
물질세계의 짝수 차원에만 시간의 입자가 존재합니다.
시간 입자의 움직임을 만드는 거대한 무형의 기계장치를 통해
시간 입자의 운동 속도와 방향성이 결정됩니다.

시간의 흐름이 존재하기에 생명체가 살 수 있습니다.
시간의 흐름이 존재하기에
생명체의 생로병사가 존재하는 것입니다.
시간의 흐름이 존재하기에
물질세계에서 영혼의 진화가 존재합니다.
시간의 흐름이 존재하지 않는 곳은 생명체가 살 수 없으며
의식을 가진 에너지체만이 존재하고 있습니다.

하늘은 시간의 흐름이 없는 비물질세계에서
시간이 흐름이 있는 물질세계를 관리하고 통제하고 있는 것입니다.

하늘은 시간이 흐름이 없는 비물질세계에 존재하는
의식만을 가진 에너지체들을 통해

시간의 흐름이 있는 물질세계에서 존재하는
생명체들의 생로병사와 희노애락을
안정적으로 관리할 수 있는 것입니다.

삼태극인 물질세계에서 시간 입자인 탄트로니아는 가벼워
약간의 에너지에도 운동성을 갖게 되면서 시간이 탄생됩니다.

생명체가 살고 있는 행성에
행성의 공간의 막과 시간의 막 사이의 공간에
시간의 입자에 운동성을 부여하면
행성의 공간에 흐름이 생기고
공간 속에서 시간 입자의 움직임이 발생하게 됩니다.

시간 입자의 운동성이 한 방향으로 질서 있게 주어지게 되면
시간이라는 과거와 현재와 미래가 탄생하게 됩니다.
이것을 시간의 탄생이라고 합니다.

하늘과의 소통 속에 하늘과의 조율 속에
대우주의 비밀을
대우주의 진리를
우데카 팀장이 전합니다.

해인海印의 빛

마지막 때에
살 사람을 살게 하고
죽을 사람을 살게 하고
죽을 사람을 죽게 하는 빛은 창조주의 한 줄기 빛입니다.

마지막 때에
인간의 의식을 깨우고
참과 거짓을 분별할 수 있게 하고
진리를 찾는 사람들에게 깨달음을 얻게 하는
창조주의 한 줄기 빛을 해인의 빛이라 합니다.

마지막 때에 천사들이
살 사람과 죽은 사람을 구분하기 위해
사람의 이마에 살 사람의 표식을 하는데
이것을 인(印) 맞는 자라고 합니다.
이것을 결정하는 빛은 창조주의 한 줄기 빛입니다.

마지막 때에
살 사람들은 백회로부터 하늘로 이어진
7개의 양백줄이 밝게 빛나게 되는데
이것을 결정하는 빛은 창조주의 한 줄기 빛입니다.

마지막 때에
바이러스 난과 괴질로부터
살 사람은 에너지장을 통해 보호하는데
이것을 결정하는 빛은
창조주의 한 줄기 빛입니다.

마지막 때에
창조주의 한 줄기 빛은
불치병과 난치병을 치유하는 빛이 될 것이며
이적과 기적을 이루는 빛이 될 것입니다.

마지막 때에
인간의 에고를 정화할 수 있으며
인간의 욕심을 정화할 수 있으며
인간의 욕망을 정화할 수 있게 하는 것은
창조주의 한 줄기 빛입니다.

마지막 때에
진리를 들었을 때
진리를 보았을 때
진리를 만났을 때
진리에 공명할 수 있게 하며
진리의 씨앗이 발아할 수 있도록 하는 것은
창조주의 한 줄기 빛입니다.

마지막 때에
바이러스 난과 괴질로부터
살아남을 사람은
차크라 가동률이 46% 이상 되어야 하는데
창조주의 한 줄기 빛이 있어야
차크라 가동률이 46% 이상이 될 수 있습니다.

마지막 때에
자연 재해로부터
대형 재난으로부터
살 사람을 보호하는 것은
창조주의 한 줄기 빛입니다.

마지막 때에
빛의 일꾼들을 보호하는 에너지장이 설치되는데
이것을 결정하는 것은
창조주의 한 줄기 빛입니다.

마지막 때에
빛의 일꾼들을 빛의 일꾼답게 만들고
빛의 일꾼들에게 영적 능력을 부여하고
빛의 일꾼들에게 치유 능력을 부여하고
빛의 일꾼들이 영혼의 꽃 한 송이를 피울 수 있게 하는 것 역시
창조주의 한 줄기 빛입니다.

마지막 때에
안전지대에 들어올 수 있는 사람과
안전지대에 들어올 수 없는 사람으로 구분하는데
이것을 결정하는 것은
창조주의 한 줄기 빛입니다.

마지막 때에
육신의 옷을 입은 창조주를 보았을 때
육신의 옷을 입은 창조주의 글을 보았을 때
육신의 옷을 입은 창조주의 말씀을 들었을 때
그가 창조주임을 알아볼 수 있도록
알아채고 눈치챌 수 있도록 하는 것 역시
창조주의 한 줄기 빛이 있어야 가능합니다.

마지막 때에
당신이 새 하늘과 새 땅에 들어가기로 약속된 사람이라면
당신이 어디에 있든지
당신이 무엇을 하든지 상관없이
창조주의 한 줄기 빛이 임할 것입니다.

마지막 때에
당신이 새 하늘과 새 땅에 들어가기로 약속된 사람이라면
당신이 기도를 하지 않은 사람일지라도
당신이 수행을 하지 않은 사람일지라도
창조주의 한 줄기 빛이 당신에게 임하게 될 것입니다.

마지막 때에
창조주의 한 줄기 빛은
모든 것을 가능하게 하는
만사형통의 빛이 될 것입니다.

마지막 때에
창조주의 한 줄기 빛은
불가능한 것들을 가능하게 만드는
만변정기의 빛이 될 것입니다.

마지막 때에
선천의 물질문명이 종결되고
후천의 정신문명을 열기 위해 준비된 하늘 사람들에게
고도의 메타인지를 가능하게 하는
창조주의 빛 한 줄기를
해인(海印)의 빛이라 합니다.

해인의 빛을 통해 깨어난
빛의 일꾼들에 의해
새로운 정신문명이 펼쳐질 것입니다.

해인의 빛을 통해 깨어난
하늘 사람들에 의해
새로운 후천의 시대가 열릴 것입니다.

해인의 빛을 통해 깨어난
빛의 일꾼들과 하늘 사람들에 의해
해인의 시대가 시작될 것이며
만인성불의 시대가 열릴 것입니다.

해인의 빛을 통해 깨어난
빛의 일꾼들과 하늘 사람들에 의해
지구 행성은 대우주의 중심이 될 것이며
지구 행성은 자미원이 될 것입니다.

시절인연이 있는 빛의 일꾼들에게
창조주의 한 줄기 빛인
해인의 빛이 성령처럼 임할 것입니다.

시절인연이 있는 하늘 사람들에게
창조주의 한 줄기 빛인
해인의 빛이 성령으로 임할 것입니다.

만변정기萬變正氣의 빛

인간의 생각은 쉽게 바뀌지 않습니다.
인간의 생각을 바꾸려면
하늘의 한 줄기 빛이 필요합니다.
이 빛은 사람의 생각을 전환시키는 빛이며
창조주로부터 오는 한 줄기 빛입니다.

인간의 마음은 흔들리는 갈대입니다.
사람의 흔들리는 마음을 바로잡고 중심을 잃지 않기 위해서는
하늘의 한 줄기 빛이 필요합니다.
이 빛은 균형의 빛이며 조화의 빛이며
창조주로부터 오는 한 줄기 빛입니다.

인간의 성격은 쉽게 바뀌지 않습니다.
고집이 세고 남의 말을 잘 듣지 않는 사람의 성격이 바뀌려면
하늘의 빛 한 줄기가 반드시 필요합니다.
이 빛은 사람의 에고를 정화하는 빛이며
창조주로부터 오는 한 줄기 빛입니다.

인간의 운명은 쉽게 바뀌지 않습니다.
사람의 팔자는 쉽게 바뀌지 않습니다.
인간의 운명을 바꾸려면 하늘의 한 줄기 빛이 있어야 합니다.

이 빛은 사람의 운명을 바꾸는 빛이며
창조주로부터 오는 한 줄기 빛입니다.

불치병과 난치병의 질병을 치유하기 위해서는
이적과 기적의 병 치유를 위해서는
그 사람의 카르마를 해소할 수 있는
하늘의 빛 한 줄기가 있어야 합니다.
이 빛을 카르마 해소의 빛이라 하며
창조주로부터 오는 한 줄기 빛입니다.

늙어가는 사람을 회춘시키기 위해서는
죽어가는 사람의 생명을 연장시키기 위해서는
하늘의 빛 한 줄기가 반드시 있어야 합니다.
이 빛은 삶을 연장하는 빛이며 생명을 연장하는 빛이며
연장된 삶만큼의 삶의 프로그램을 승인하는 빛이며
창조주로부터 오는 한 줄기 빛입니다.

죽을 사람을 살리기 위해서는
죽은 사람을 부활시키기 위해서는
하늘의 빛 한 줄기가 반드시 있어야 합니다.
이 빛은 부활의 빛이며 생명의 빛이며
창조주로부터 오는 한 줄기 빛입니다.

창조주의 빛 한 줄기는
운명을 결정하는 빛이며

생사를 결정하는 빛이며
이적과 기적의 빛이며
모든 것을 한순간에 바꿀 수 있는 빛입니다.

하늘은 빛으로 일합니다.
천사들은 빛으로 일합니다.
하늘 일을 하는 하늘 사람들을 빛의 일꾼이라 합니다.
빛의 일꾼들 역시 하늘의 빛을 사용하는 사람들입니다.
빛의 일꾼들 역시 하늘의 빛으로 일하는 사람들입니다.

하늘은 빛으로 일합니다.
하늘은 빛의 시스템으로 이루어져 있습니다.
모든 빛의 근원은 창조주입니다.
창조주 역시 빛으로 일합니다.
지상으로 내려온 창조주의 빛으로 인하여
이 땅에 빛의 시대가 시작되었음을 전합니다.
지상으로 내려온 창조주의 빛으로 인하여
창조주의 시대가 시작되었음을 전합니다.

지상으로 내려온 창조주의 중심의식의 빛이
지구 행성을 모두 감싸고 있습니다.
지상으로 내려온 창조주의 중심의식이 빛이
지구 행성에 온전하게 정박하였습니다.
지상으로 내려온 창조주의 중심의식의 빛은
창조주의 시대를 여는 빛입니다.

지상으로 내려온 창조주의 중심의식의 빛은
천지인 삼합일도의 인황의 시대를 알리는 빛이며
새 하늘과 새 땅을 여는 빛이며
영성의 시대를 여는 빛이며
개벽을 알리는 빛입니다.

지상으로 내려온 창조주의 중심의식의 빛은
후천의 시대를 여는 빛이며
자미원을 여는 빛이며
용화세계와 지상천국의 세계를 여는 빛입니다.

빛의 시대가 시작되었음을 전합니다.
빛의 일꾼들의 시대가 시작되었음을 전합니다.
창조주의 빛에 순응하는 자는
빛의 시대에 함께할 것임이라
창조주의 빛에 순응하지 못하는 자는
지구 행성을 떠나가게 될 것임이라

창조주의 한 줄기 빛에 인(印) 맞은 자는
크게 성장할 것이며
창조주의 한 줄기 빛에 인 맞지 않은 자는
썩어가게 될 것이라
창조주의 빛에 순응한다는 것은
하늘과 함께한다는 것이고
창조주와 함께 미래를 걷는다는 것을 의미합니다.

창조주의 빛 한 줄기에 의해
대우주의 후천의 하늘을 열 것임을 전합니다.
창조주의 빛에 의해
창조주의 시대가 시작되었음을 전합니다.

인황의 빛 한 줄기에 의해
석고웅성과 함께 온 세상으로 울려 퍼지리라
인황의 빛에 의해
인황의 시대가 시작되었음을 전합니다.

제3부

대우주의 운영과 관리

대우주는 창조주의 의식 안에서 운영되고 있습니다.

대우주는 창조주가 창조한 빛으로 운영되고 있습니다.

대우주는 창조주의 사고조절자로 운영되고 있습니다.

우주 함선들은 창조주의 대우주 통치를 뒷받침하고 있습니다.

대우주는 엄격한 우주의 법 질서를 통해

우주의 사법제도를 통해 운영되고 있습니다.

대우주가 운영되는 원리

대우주는
창조주의 의식 안에서 운영되고 있습니다.
대우주는 창조주께서 펼쳐놓은
에너지의 법칙 속에서 운영되고 있습니다.
대우주는 창조주께서 영에게 부여하는
사고조절자를 통해 운영되고 있습니다.

대우주는 창조주께서 권한을 위임한
지역 우주 창조주들에 의해 운영되고 있습니다.
대우주는 창조주께서 권한을 위임한
차원 관리자들에 의해 운영되고 있습니다.
대우주는 창조주께서 권한을 위임한
태양을 관리하는 항성 관리자들에 의해 운영되고 있습니다.

대우주는 창조주께서 권한을 위임한
행성을 관리하는 영단 관리자들에 의해 운영되고 있습니다.
대우주는 창조주께서 권한을 위임한
천상정부에 의해 운영되고 있습니다.
대우주는 창조주께서 권한을 위임한
하늘의 천사들에 의해 운영되고 있습니다.

창조주는
대우주에 존재하는 모든 태양들과
대우주에 존재하는 모든 행성들과
의식으로 연결되어 있으며
생명력의 원천이 되는 에너지를 공급하고 있습니다.

지역 우주 창조주들에 의해
은하는 관리되고 있으며 통치되고 있습니다.
네바돈 은하 내에 있는
시리우스 성단과 플레이아데스 성단 그리고 오리온 성단들은
지역 우주 창조주들에 의해
직접 운영되고 통치되고 있습니다.

창조주는
행성의 운영에 직접 관여하지 않습니다.
행성의 운영은 창조주의 권한을 위임받은
행성의 영단 관리자들에 의해 운영되고 있습니다.
창조주는 선천적 사고조절자의 내용을 풍부하게 가지고 있는
특수한 영혼 그룹들인 멜기세덱 그룹과 데이날 그룹들을 통해
하늘의 정보를 땅에 펼치고 있습니다.

창조주는 선천적 사고조절자의 내용을
특수하게 부여한 영혼그룹들인 어둠의 일꾼들을 통하여
행성의 물질 매트릭스의 난이도를 결정하고 있습니다.

창조주는 우주의 군인들인 아보날 그룹을 통하여
행성의 진화 로드맵에 따른
행성의 문명을 종결하는 절차를 진행하고 있습니다.
창조주는 대우주의 통치를 뒷받침하고 있는
우주 연방함선을 통하여
대우주에 분쟁이 있는 곳이나
행성의 진화 로드맵에 문제가 생긴 행성들에
무력으로 직접 개입하여
대우주의 질서를 바로잡고 있습니다.

대우주에 존재하는 모든 항성들의 진화는
15차원이 관리하고 감독하고 있습니다.
대우주에 존재하는 모든 행성들의 진화는
13차원이 관리하고 감독하고 있습니다.

영혼의 물질 체험을 하는 영혼들은
행성의 영단에 소속되어
카르마 시스템과 윤회 시스템을 통하여
영혼의 진화를 하고 있습니다.

영혼의 진화 프로그램은
본영에 의해 관리되고 있습니다.
본영은 카르마 균형 잡기를 통하여
카르마를 관리하며 영혼의 진화를 하고 있습니다.

상승하는 영혼들은
선천적 사고조절자가 발달한
어둠의 일꾼들이 땅에 펼쳐놓은
물질의 창조 원리와 물질세계의 법칙들을
영혼의 물질 체험을 통해 배우고 익히는 과정을 통해
진화하고 있습니다.

상승하는 영혼들은
어둠의 일꾼들이 선천적 사고조절자를 통해
땅에 펼쳐놓은 것들을 자기 것으로 체화하여
후천적 사고조절자를 완성해 가는 것이
영혼의 진화 로드맵이 갖는 우주적 의미입니다.

선천적 사고조절자의 펼침과
후천적 사고조절자의 수렴 작용이
영혼이 진화하는 방식입니다.

대우주는 이러한 원리에 의해
그동안 6주기를 진화해 왔습니다.
앞으로 펼쳐질 대우주의 7주기는
새로운 원리에 의해 진화할 것입니다.

대우주의 7주기는
무극에만 계시던 창조주께서 직접 땅으로 내려와
지구 행성을 직접 운영하게 될 것입니다.

대우주가 6주기를 진화하는 동안
우주는 많은 진화가 있었으며
많은 팽창이 있었습니다.

대우주가 6주기를 진화하는 동안에 발생한
우주의 모순을 해결하기 위해
우주에서 발생한 우주의 카르마를 해소하기 위해
우주의 아픔을 해결하기 위해
지구 행성이 자미원이 되었습니다.

영혼들의 아픔을 해결하기 위해
생명체들의 고통을 해결하기 위해
대우주의 지속적인 진화를 위한 물질적 토대를 위해
지상에 자미원이 건설되었습니다.

기록의 필요성이 있어
정리의 필요성이 있어
이 글을 우데카 팀장이 전합니다.

창조주께서 대우주를 운영하는 원리

대우주를 운영하는 주체는 창조주입니다.
창조주는 창조주의 빛으로 대우주를 운영합니다.

창조주께서 대우주를 통치하기 위해서는 반드시
3가지 조건을 갖추어야 합니다.

첫번째
대우주의 새로운 주기를 열어갈 창조주 의식이 탄생됩니다.
창조주 의식은 완성된 것이 아니라
새로운 주기가 시작될 때마다
기존의 의식에 새로운 의식이 업그레이드되는 방식으로 탄생됩니다.

두번째
창조주께서 대우주를 경영하기 위해서는
대우주의 우주 공학기술을 사용할 수 있어야 합니다.
창조주께서 최고의 우주 공학기술을 발현시킬 수 있는 권능은
창조주께서 사용할 수 있는 빛에서 나옵니다.
창조주께서는 최고의 우주 공학기술을 사용하여
비물질세계의 우주와
물질세계의 우주를 운영하고 있습니다.

창조주의 권능은 우주 공학기술에 의해 발현됩니다.
창조주의 전지전능한 권능은 창조주께서 사용할 수 있는
우주 공학기술을 말합니다.
창조주의 전지전능한 권능은 창조주의 사고조절자를 통하여
비물질세계와 물질세계에 발현이 됩니다.

대우주를 운영하는 창조주의 의식은 공평무사한 의식입니다.
대우주를 운영하는 창조주의 의식은 천지불인하는 의식입니다.
대우주를 운영하는 창조주의 의식은 성인불인하는 의식입니다.

대우주를 운영하는 창조주의 의식은
대우주의 법을 집행하는 냉철한 의식입니다.
대우주를 운영하는 창조주의 의식은
생명체의 생로병사를 주관하는 가치중립적 의식입니다.
대우주를 운영하는 창조주의 의식은
우주 공학기술을 집행하는 가치중립적 의식입니다.

사랑지체로서의 창조주의 의식과 대우주의 법칙을 집행하는 의식이
서로 조화와 균형을 맞춘 창조주의 의식이 탄생됩니다.
이렇게 탄생된 의식을 창조주의 중심의식이라고 합니다.

새로운 대우주의 주기가 열릴 때마다
새로운 창조주의 중심의식이 탄생됩니다.
새롭게 탄생된 창조주의 중심의식에 의해
우주는 진화하고 있습니다.

세번째

창조주께서 대우주를 운영하기 위해서는
대우주의 수레바퀴를 돌릴 수 있는
우주 공학 시스템들이 준비되어져야 합니다.

창조주께서 대우주를 운영하기 위해서는 반드시
대우주를 운영할 하늘의 우주 공학 시스템들이 준비되어야 합니다.
대우주를 운영할 하늘의 우주 공학 시스템들과
이것을 운영할 천사들의 의식이 준비되어야 합니다.
대우주의 수레바퀴를 돌리는 하늘의 우주 공학 시스템들은
천사들의 전체의식에 의해 운영되어져야 합니다.

창조주께서 3가지가 모두 준비되고 나면
새로운 우주의 주기를 시작할 수 있습니다.

창조주께서는 새롭게 탄생한 창조주의 중심의식을 통하여
대우주를 운영하고 있습니다.

창조주께서는 지역 우주 창조주들을 통하여
은하를 운영합니다.
창조주께서는 태양을 관리하는 항성 관리자들을 통하여
항성계를 운영합니다.
창조주께서는 행성을 관리하는 행성 영단 관리자들을 통하여
행성들을 운영합니다.

창조주께서는 우주 연방합선을 통하여 대우주를 운영합니다.
창조주께서는 우주 연합합선을 통하여 지역 우주를 운영합니다.
우주 연합합선을 서양의 채널링 메시지에서는
은하연합이라고 하였습니다.

창조주께서는 대우주를 차원 관리자를 통하여 운영합니다.
창조주께서는 자신의 분신인
창조주 패밀리 그룹을 통하여 대우주를 운영합니다.

창조주께서는 자신의 분신들을
각 차원을 총괄하는 책임자로 임명하여
차원을 관리하고 있습니다.
창조주께서는 자신의 분신들을 3개의 신분으로 나누어
대우주를 운영하고 있습니다.

각 차원의 최고 관리자는
신라의 골품제도에 비유하면 성골이라 할 수 있으며
금으로 비유하면 24k에 비유할 수 있습니다.

각 차원의 최고 관리자를 보좌하는 차원 관리자들을
진골이라 할 수 있으며 18k에 비유할 수 있습니다.

각 차원에서 성골과 진골의 차원 관리자들을 보좌하는
대부분의 차원 관리자들을 6두품에 비유할 수 있으며
14k에 해당됩니다.

행성을 운영하는 행성 영단 관리자들은 6두품에 해당됩니다.
태양계를 운영하는 항성계 관리자들 또한 6두품에 해당됩니다.

창조주께서는 자신의 분신들인 차원 관리자들을 통하여
창조주께서는 자신의 패밀리 그룹을 통하여
대우주를 운영하고 있음을 전합니다.

지상으로 내려오신 창조주 하나님은
새로운 대우주의 7주기를 지구 행성에서 시작하였습니다.

지상으로 내려오신 창조주 하나님은
지구 행성의 차원상승을 한반도에서부터 시작하였습니다.

지상으로 내려오신 창조주 하나님은
지상의 자미원을 건설하는 일을 지구 행성에서 시작하였습니다.

대우주의 기쁜 소식을
우데카 팀장이 전합니다.

빛에 대한 정리

창조주의 의식에서 빛이 탄생하였습니다.
무극의 세계는 창조주들의 세계입니다.
태극의 세계는 관세음의 세계입니다.

창조주의 의식에서 빛이 탄생하였습니다.
빛은 의식을 실어나르는 정보의 운반자입니다.
무극의 세계에서의 창조주의 조물 작용과
태극의 세계에서의 에너지체(천사)들의 조물 작용에 의해
삼태극의 물질세계에 생명체들이 탄생되었습니다.

창조주의 의식에서 파생된 빛에 의해
빛은 의식과 에너지를 가지고
세상 만물을 탄생시켰습니다.
세상 만물은
대우주의 삼라만상은
창조주의 중심의식에서 나온 빛에 의해 탄생하였습니다.

무극의 세계를 움직이는 시스템은
고진동을 가진 빛으로 창조된 시스템입니다.
무극의 세계를 구성하고 있는 시스템은
빛으로 만든 다양한 기계 부품으로 되어 있습니다.

무극의 세계와 태극의 세계에서는
빛이 물질이 됩니다.

무극과 태극의 세계에서는
빛이 원료가 됩니다.
빛이 재료가 됩니다.
빛으로 모든 것이 창조됩니다.
빛으로 창조된 것이
색의 세계에서는
물질의 탄생이 되는 것이며
생명의 탄생이 되는 것입니다.

빛은 창조주의 의식을 펼치는 도구입니다.
빛은 에너지입니다.
빛은 소리입니다.
빛은 말씀이며
빛은 의식이며
빛은 정보를 전달하는 도구입니다.

빛 속에 창조주의 의식이 담겨 있으며
빛 속에는 대우주의 정보가 담겨 있으며
빛 속에는 대우주의 순행 프로그램이 있습니다.
빛이라고 다 같은 빛이 아닙니다.
눈에 보이는 빛보다는
눈에 보이지 않는 빛이 더 많이 있습니다.

대우주를 움직이는 빛은 눈에 보이지 않는 빛이며
고진동을 가진 빛이며
고에너지를 가진 빛입니다.

빛은 의식을 담고 있으며
빛은 정보를 담고 있으며
빛은 프로그램을 담고 있습니다.
빛은 에너지입니다.
빛은 변화하는 에너지이며
빛은 정보를 담은 에너지이며
빛은 무형의 프로그램을 작용시키는 에너지입니다.
하늘이 일하는 방식은
빛 속에 정보를 담아 일하는 방식입니다.

빛은 생명입니다.
빛 속에 생명의 씨앗을 담고 있으며
빛 속에 생명을 자라게 하는 에너지가 있으며
빛 속에 생명을 죽게 하는 프로그램을 실을 수 있습니다.
빛은 다양한 의식의 층위를 가지고 있습니다.
빛 속에 다양한 정보를 저장할 수 있습니다.
빛 속에 다양한 명령들을 집행할 수 있으며
빛 속에 다양한 소식들을 전달할 수 있습니다.

무극의 세계에서 빛은 의식입니다.
태극의 세계에서 빛은 음양이며

삼태극의 세계의 빛은 삼황의 빛이며
삼황의 빛에서 사상의 빛이 나왔으며
삼황의 빛에서 오행의 빛이 나왔습니다.

삼황의 빛은 6가지 빛으로 분화하였으며
6가지 빛을 6기라 하였습니다.
6가지 빛은 다시 12로 분화하였으며
12가지 에너지가 6번째 대우주의 주기를 상징하는
삼태극의 빛이 되었습니다.

의식은 빛이며 빛은 의식입니다.
빛은 에너지이며
어둠도 빛이며
어둠 역시 의식이며
어둠 역시 에너지입니다.
고진동의 에너지는 의식을 가지고 있습니다.

모든 생명의 기원은 창조주의 의식입니다.
모든 빛은 생명을 가지고 있습니다.
모든 생명은 의식을 가지고 있습니다.
모든 생명은 의식을 구현할 수 있습니다.

우주는 창조주의 의식으로 가득 차 있습니다.
우주는 창조주의 빛으로 창조되었습니다.
우주는 에너지로 가득 차 있습니다.

우주는 에너지의 변형이며 우주는 에너지의 작용입니다.
에너지는 빛이며
빛은 의식이며
빛은 생명이며
빛은 정보이며
빛은 이야기로 되어 있습니다.

의식은 빛마당을 형성합니다.
빛은 에너지장을 형성합니다.
에너지장 속에서 빛의 연금술이 탄생합니다.
빛을 다루는 기술이 행성의 과학기술 문명의 수준을 결정합니다.
인류의 문명은 자기장(전기) 문명입니다.
자기장 문명에서 빛을 다루는 기술로의
도약적인 점핑이 일어나는 때에
행성의 차원상승이 이루어지는 것입니다.
인류는 이제 빛에 대해 의식의 눈을 뜰 때가 되었습니다.

빛은 에너지장을 창조합니다.
빛이 만들어 놓은 특수한 에너지장 속에서
빛에 의해 이적과 기적이 일어납니다.
빛은 에너지장을 창조합니다.
빛이 만들어 놓은 특수한 에너지장 속에서
불치병과 난치병들의 치유가 일어납니다.
대규모의 이적과 기적이 일어나기 위해서는
대규모의 에너지장이 설치가 되어야 합니다.

대규모의 에너지장은 대형 피라미드나
대형 우주 함선에 의해 에너지장이 설치됩니다.
소규모로 일어나는 이적과 기적이 일어나기 위해서는
작은 규모의 에너지장이 설치가 되어야 하는데
소규모의 우주 함선에 의해 에너지장이 설치가 되어야 합니다.

특정한 지역이나 좁은 지역에서 설치되는 에너지장은
소형 우주 함선이나 소형의 피라미드에 의해
에너지장이 설치가 됩니다.
인체 내에서 형성되는 빛마당은
인간의 몸에 배치된 천사들에 의해 설치가 되거나
주입된 빛에 의해 자체적으로 에너지장이 설치가 됩니다.

빛이 만든 빛의 에너지장 속에서
수많은 이적과 기적들이 일어납니다.
빛으로 에너지장을 설치하고
빛으로 프로그램을 만들고
빛으로 프로그램을 작동시킵니다.

빛으로 무형의 기계장치들을 만들고
빛으로 무형의 기계장치들을 작동시킵니다.
빛으로 만든 무형의 기계장치를 통하여
빛에 의해 색의 세계에 생명이 탄생됩니다.
빛에 의해 생명유지 장치들은 작동이 되고
빛에 의해 생명체들은 생명 현상을 유지할 수 있습니다.

빛에 의해 생명체의 생명 에너지를 회수할 수 있습니다.

빛은 생명의 근원이며
빛은 생명을 성장시키는 에너지입니다.
빛은 생명의 생로병사에 모두 관여하고 있습니다.
빛은 생명체 속에 의식을 깃들게 하며
빛은 생명체 속에 의식을 구현할 수 있게 합니다.

빛을 다루는 우주 공학기술이
우주의 차원을 결정합니다.
지구 행성의 차원상승을 위해
지상으로 내려와 있는 우주 연방함선은
우주 최고의 기술을 보유하고 있는 우주 함선입니다.

우주 연방함선은
네바돈 우주를 탁구공만하게 축소할 수 있는
우주 공학기술을 가지고 있습니다.
우주 연방함선에 의해 설치되는
대규모 에너지장 속에서
대규모의 이적과 기적들이 준비되어 있음을
우데카 팀장이 전합니다.

기록의 필요성이 있어
이 글을 기록으로 남깁니다.

빛과 소리의 세계라

의식(意識)에서 빛이 나오고
빛 속에서 의식이 나오는 세계를
무극(無極)이라 합니다.
빛과 의식이 하나인 세계를
무극(無極)이라 합니다.

의식에서 나온 빛이
음(陰)과 양(陽)으로 나타나는 세계를
태극(太極)이라 합니다.
빛과 소리의 세계를 태극(太極)이라 합니다.
빛과 소리의 세계를 정신(精神)이라 합니다.
빛과 소리의 세계를 관세음(觀世音)의 세계라 합니다.

창조주의 의식에서 빛이 나오니
이것을 태역(太易)이라 합니다.
창조주의 빛에서 나온 의식을 정신(精神)이라 합니다.
창조주의 빛에서 나온 의식을 말씀이라 합니다.

무극(無極)에서 탄생한 창조주의 의식이
태극(太極)에서는 정신(精神)이 됩니다.

무극(無極)에서 탄생한 창조주의 의식은
태극(太極)에서는 음양(陰陽)이 됩니다.
무극(無極)에서 탄생한 창조주의 의식은
태극(太極)에서는 빛과 소리가 됩니다.

태극(太極)에서 탄생한 태초(太初)의 의식은
삼태극(三太極)에서는 태소(太素)가 됩니다.
태극(太極)에서 탄생한 정신(精神)은
물질 세상에서는 영혼백(靈魂魄)이 됩니다.
태극(太極)에서 탄생한 음양(陰陽)은
삼태극(三太極)에서 오운(五運)과 육기(六氣)가 됩니다.

태극(太極)에서 탄생한 빛과 소리는
물질 세상에서는 모양이 됩니다.
태극(太極)에서 탄생한 빛과 소리는
물질 세상에서는 색(色)이 됩니다.

태극(太極)의 관세음(觀世音)의 세계에서
물질 세상의 태소(太素)가 시작되었음이라
태극(太極)의 관세음(觀世音)의 세계에서
삼태극(三太極)의 물질 세상이 펼쳐졌음이라

창조주의 의식은
태극(太極)에서는 도(道)라고 합니다.

창조주의 의식은 삼태극(三太極)에서는
그릇(器)에 깃들어 있습니다.
창조주의 의식은 물질 세상에서는
색(色)으로 펼쳐집니다.

도(道)는 정신(精神)을 낳고
정신(精神)은 빛을 낳고
빛은 형상(形象)을 낳고
형상(形象)은 색(色)으로 드러남이라

창조주의 의식으로 탄생한 삼라만상(森羅萬象)들은
다양한 그릇(器) 속에
다양한 색깔 속에
창조주의 신성을 품고 있나니
이리하여 물질 세상을
색(色)의 세계라고 하는구나

무극(無極)에서 태역(太易)의 상태에서 기(氣)가 탄생하니
이것을 태초(太初)라고 합니다.
태극(太極)에서 기(氣)가 정(精)으로 화하니 정기(精氣)가 되고
삼태극(三太極)에서 정기(精氣)는
물질에서는 정기신(精氣神)이 되고
삼태극(三太極)에서 정기(精氣)는
생명에서는 영혼백(靈魂魄)이 됩니다.

삼라만상의 물질의 세계를
태소(太素)의 세계라 합니다.

삼라만상의 물질의 세계는
창조주의 의식이 피워낸 꽃이라

삼라만상의 물질 세계의 기원은
빛과 소리이며
삼라만상의 물질 세계의 기원은
창조주의 의식이라

창조주의 의식은 물질에서는
정기신(精氣神)이 되고
창조주의 의식은 생명에서는
영혼백(靈魂魄)이 되고
창조주의 의식이 생명속에 꽃이 피니
생명의 불꽃이라
창조주의 의식이 생명의 불꽃으로 타오르니
신성한 불꽃이라

영혼의 신성한 불꽃 속에
생명의 꽃들이 피고 지니
하늘의 뜻이 땅에서 펼쳐짐이라

생명의 꽃들이 무더기로 피어 있으니

이 세상은
빛과 소리와 색(色)이 어우러져
관세음(觀世音)의 꽃이 피어 있구나

생명의 꽃들이 무더기로 피어 있으니
이 세상은
빛과 소리와 색(色)이 어울려 있는
축제의 장이로구나

사고조절자 의식이란 무엇인가?

모든 의식의 기원은 영의식입니다.
모든 영의식의 기원은 사고조절자입니다.
모든 사고조절자의 기원은 창조주의 의식입니다.

창조주 의식의 기원은 144,000 사고조절자입니다.
창조주를 창조주답게 만드는 의식이 창조주의 사고조절자입니다.

영의 고유성의 기원은 사고조절자입니다.
영의 개별성과 개체성의 기원 또한 사고조절자입니다.

나를 나답게 만드는 의식의 기원은
창조주께서 나에게 부여한 사고조절자입니다.

나를 나답게 만드는 개성의 기원 역시
창조주께서 나에게 부여한 사고조절자에서 시작됩니다.

사고조절자에서 발현되는 의식을 사고조절자 의식이라고 합니다.
사고조절자 의식은 매우 강력한 의식을 구현하고 있습니다.
사고조절자 의식을 뛰어넘을 수 있는 영은 없습니다.
사고조절자 의식보다 더 강력하게 나에게 작용하는 것은 없습니다.

사고조절자 의식이 깨어나는 때가 되면 저절로 울리는 알람시계처럼
내면의 느낌을 자신의 생각으로 인식하게 될 것입니다.

빛의 일꾼들이 사고조절자 의식이 깨어나면
자신이 있어야 할 곳에 있게 될 것입니다.

하늘 사람들이 사고조절자 의식이 깨어나면
자신도 모르게 해야할 일을 하고 있게 될 것입니다.

사고조절자 의식은 영혼들의 특성을 결정합니다.
사고조절자 의식은 영혼들의 고유성을 결정합니다.
사고조절자 의식은 영혼들의 개별성을 결정합니다.

사고조절자에서 발현되는 의식은 영혼의 운명을 결정합니다.
사고조절자에서 발현되는 의식은 강력한 삶의 프로그램이 됩니다.
사고조절자에서 발현되는 의식은
강력한 내면의 느낌이나 끌림으로 나타납니다.

사고조절자에서 발현되는 의식은 영의 모순을 드러냅니다.
사고조절자에서 발현되는 의식은 영혼의 모순을 드러냅니다.
사고조절자에서 발현되는 의식은 영혼의 부조리로 드러납니다.

사고조절자에서 발현되는 의식은 인간의 삶의 방향을 결정합니다.
사고조절자에서 발현되는 의식은 인간의 성격을 결정합니다.
사고조절자에서 발현되는 의식은 인간의 감정을 결정합니다.

사고조절자에서 발현되는 의식은 영혼의 의지로 바꿀 수 없습니다.
사고조절자에서 발현되는 의식은 본영의 의지로 바꿀 수 없습니다.
사고조절자에서 발현되는 의식은 인간의 의지로 바꿀 수 없습니다.

사고조절자에서 발현되는 의식을 통해 영혼의 모순이 드러납니다.
사고조절자에서 발현되는 의식을 통해 영혼의 운명이 결정됩니다.
사고조절자에서 발현되는 의식은
하늘이 영혼의 소멸을 결정하는 판단의 근거가 됩니다.

영의 모순은 잘못 발현되고 있는 사고조절자 때문에 발생합니다.
영의 모순은 잘못 발현되고 있는
사고조절자 의식의 오류 때문입니다.

원죄란 영이 처음 탄생될 때의 발생하는 영의식이 시간이 흐르면서
처음과 다르게 비정상적으로 발현될 때를 말합니다.

원죄란 사고조절자에서 발현되는 의식이 시간이 흐르면서
처음과 다르게 비정상적으로 발현될 때를 말합니다.

원죄란 사고조절자의 손상으로 인하여
영이 창조될 때의 영의식을 구현하지 못하는 상태를 말합니다.

원죄란 사고조절자의 손상으로 사고조절자에서 발현되는 의식이
정상적으로 작동되지 못하는 것을 말합니다.

영의 모순은 사고조절자의 모순에서 시작됩니다.
영의 모순은 영의 교정을 통해서만 해결할 수 있습니다.

인간의 모순은 사고조절자의 모순에서 시작됩니다.
인간의 모순은 영의 교정을 통해서만 해결할 수 있습니다.

영의 교정은 사고조절자의 교정을 통해서 해결할 수 있습니다.
영의 교정은 사고조절자의 수정을 통해서 해결할 수 있습니다.

영의 교정은 사고조절자의 교체를 통해서 해결할 수 있습니다.
영의 교정은 오염된 사고조절자의 회수와
새로운 사고조절자 부여를 통해 이루어질 수 있습니다.

영의 모순을 해결할 수 있는 열쇠는 사고조절자입니다.
인간의 모순을 근본적으로 해결할 수 있는 방법은
사고조절자에 있습니다.

영의 모순을 근본적으로 해결할 수 있는 열쇠는 사고조절자이며
사고조절자를 부여할 수 있는 존재는
창조주밖에 없습니다.
인간의 모순을 근본적으로 해결할 수 있는 존재는
창조주밖에 없습니다.

창조주만이 영들의 오염된 사고조절자를 교정할 수 있습니다.
창조주만이 영들의 훼손된 사고조절자를 수정할 수 있습니다.

창조주만이 잘못 발현되고 있는 사고조절자를 회수하고
새로운 사고조절자로 교체할 수 있기 때문입니다.

천사들의 모순을 해결하기 위해 창조주께서 땅으로 오셨습니다.
영혼들의 모순을 해결하기 위해 창조주께서 땅으로 내려오셨습니다.
인간의 모순을 해결하기 위해 창조주께서 땅으로 내려오셨습니다.

인간 세상의 모순을 해결하고
인간 세상을 빛으로 다스리기 위해
창조주께서 땅으로 내려오셨습니다.

대우주를 빛으로 다스리기 위해
물질세계의 자미원을 건설하기 위해
창조주께서 육신의 옷을 입고 땅으로 내려오셨습니다.

대우주의 기쁜 소식을 전합니다.

사고조절자에 대한 정리
에너지체편

인간의 눈에는 보이지는 않지만
하늘의 일을 하고 있는 존재들은 모두 에너지체들입니다.
누군가는 이들을 정령이라고 부르며
누군가는 이들을 요정이라고 부릅니다.
누군가는 이들을 용이라고 부르며
누군가는 이들을 귀신이라고 부르며
누군가는 이들을 천사라고 부르며
누군가는 이들을 사탄이라고 부르며
누군가는 이들을 마귀라고 부르며
누군가는 이들을 대천사라고 부르며
누군가는 이들을 무슨무슨 보살이라고 부르며
누군가는 이들을 예수님이라고 부르며
누군가는 이들을 부처님이라고 부르며
누군가는 이들을 신이라고 부릅니다.

하늘의 행정 업무를 맡고 있는 에너지체들은
인간의 눈에는 보이지는 않지만
모두 고유한 외형을 가지고 있습니다.
에너지체들은 자신의 임무와 역할을 수행하기 위해
최적화된 외형을 가지고 있습니다.
에너지체들에게 들어가 있는 영 에너지의 크기는 모두 다릅니다.

태극의 세계에 있는 에너지체들은
혼 에너지를 가지고 있지 않습니다.
삼태극(물질세계)을 관리하는 에너지체들은
혼 에너지를 부여받아 일을 하며
혼에 빛 · 중간 · 어둠의 매트릭스는 설치되지 않습니다.

하늘의 행정 업무를 맡고 있는 에너지체들은
창조주로부터 영 에너지와 혼 에너지와 사고조절자를 받아서
자신의 고유한 업무를 수행하고 있습니다.
하늘의 일을 수행하는 에너지체들은
비물질 에너지체들이기 때문에
시간과 공간의 제약을 거의 받지 않습니다.
하늘의 행정 업무를 수행하는 에너지체들은
인간 사회에 비유하면 공무원에 해당됩니다.

하늘의 에너지체들도 철저하게 임무와 역할이 나누어져 있습니다.
하늘의 에너지체에게 부여된 사고조절자는
다음과 같은 특성을 가지고 있습니다.

- 에너지체들을 운영하는 운영 프로그램입니다.
- 에너지체들의 임무와 역할을 규정합니다.
- 에너지체들의 성격과 성향을 규정합니다.
- 에너지체들의 행동 지침을 규정합니다.
- 에너지체들의 우주적 신분을 규정합니다.
- 에너지체들의 명령체계를 규정합니다.
- 에너지체들의 전체의식을 규정합니다.

일반 영혼에게 부여되는 사고조절자와
에너지체(하늘의 관리자)들의 사고조절자는 다릅니다.
일반 영혼에게 부여되는 사고조절자는
운영 프로그램이 매우 복잡하고 다양합니다.
태어날 때 가지고 오는 정보가 들어있으며
영혼이 물질 체험을 통해 경험한 것을 저장하는 공간이 매우 큽니다.
이 공간을 후천적인 사고조절자라고 하며
적금통장처럼 영혼의 물질 체험의 내용들이
기록되는 공간이 있습니다.

에너지체에게 부여되는 사고조절자는
일반 영혼에 비해 2배 정도 큽니다.
에너지체들에게 부여되는 사고조절자 운영 프로그램은
부여된 역할과 임무만 수행하면 되므로 매우 단순합니다.
에너지체들에게 부여되는
사고조절자 안에 가지고 오는 정보는 매우 다양하며
물질 체험을 하는 영혼들에 비해 3배 이상 됩니다.
에너지체들은 사고조절자에 담긴 정보의 내용에 따라
감정과 의식을 구현하는 층위가 달라집니다.
에너지체들에게도 저장 공간이 있는데
이곳에 기록된 정보가 그 에너지체의 진화 정보가 됩니다.

에너지체들에게 들어있는 사고조절자를 분석하면 다음과 같습니다.
이 자료 내용은 파라다이스의 18차원의 에너지체들로부터
받은 정보를 기록한 것입니다.

에너지체들의 사고조절자에 대한 정리

<table>
<tr><th>구분</th><th>차원</th><th>에너지체</th><th>사고조절자 수
(운영 프로그램 수)</th><th>비고</th></tr>
<tr><td rowspan="5">특수에너지체</td><td>1차원</td><td>원소 정령</td><td>1개(1/12)</td><td rowspan="2">원소 정령은 사고조절자의 운영프로그램 가동률이 1/12, 요정은 3/12을 사용한다.</td></tr>
<tr><td>2차원</td><td>요정</td><td>1개(3/12)</td></tr>
<tr><td>7차원</td><td rowspan="3">용</td><td>3개</td><td rowspan="3">관리자 그룹의 에너지체들의 사고조절자는 일반 영의 사고조절자보다 2배 이상 크다.</td></tr>
<tr><td>9차원</td><td>4개</td></tr>
<tr><td>11차원</td><td>5개</td></tr>
<tr><td rowspan="17">관리자그룹</td><td rowspan="3">5차원</td><td>1~5단계</td><td>1개</td><td rowspan="6">차원마다 부여되는 사고조절자의 크기와 용량은 다르다.

예) 5차원 1단계와 7차원 1단계의 사고조절자 1개당 용량의 차이는 2.5배이다.</td></tr>
<tr><td>6~10단계</td><td>2개</td></tr>
<tr><td>11~15단계</td><td>3개</td></tr>
<tr><td rowspan="3">7차원</td><td>1~5단계</td><td>4개</td></tr>
<tr><td>6~10단계</td><td>5개</td></tr>
<tr><td>11~15단계</td><td>6개</td></tr>
<tr><td rowspan="3">9차원</td><td>1~5단계</td><td>7개</td><td rowspan="3"></td></tr>
<tr><td>6~10단계</td><td>8개</td></tr>
<tr><td>11~15단계</td><td>9개</td></tr>
<tr><td rowspan="3">11차원</td><td>1~5단계</td><td>10개</td><td rowspan="6">11차원 1단계와 13차원 1단계의 사고조절자 1개당 용량의 차이는 5.5배이다.</td></tr>
<tr><td>6~10단계</td><td>11개</td></tr>
<tr><td>11~15단계</td><td>12개</td></tr>
<tr><td rowspan="3">13차원</td><td>1~5단계</td><td>13개</td></tr>
<tr><td>6~10단계</td><td>14개</td></tr>
<tr><td>11~15단계</td><td>15개</td></tr>
<tr><td rowspan="3">15차원</td><td>1~5단계</td><td>16개</td><td rowspan="5">15차원 1단계와 17차원 1단계의 사고조절자 1개당 용량의 차이는 7.5배이다.

17차원 1단계와 18차원 1단계의 사고조절자 1개당 용량의 차이는 10.5배이다.</td></tr>
<tr><td>6~10단계</td><td>17~18개</td></tr>
<tr><td>11~15단계</td><td>19~20개</td></tr>
<tr><td>17차원</td><td></td><td>21~29개</td></tr>
<tr><td>18차원</td><td></td><td>30~43개</td></tr>
</table>

사고조절자에 대한 정리

영혼의 진화편

사고조절자는

창조주의 권능의 상징입니다.

사고조절자는

영이 탄생될 때 부여되는 것으로 영의식의 기원이 됩니다.

사고조절자는

대우주의 건축 설계도면에 비유할 수 있습니다.

사고조절자는

차원간 벽을 넘을 수 있는 마스터키이며

대우주의 정보 시스템에 접근할 수 있는 마스터키의 역할을 합니다.

사고조절자를 통해 창조주는

에너지체들을 관리하고 통제하고 있으며

사고조절자를 통해

모든 영혼들을 관리하고 통제하고 있습니다.

창조주의 대우주의 통치 중

생명에 대한 관리와 통제는

빛의 생명나무를 통해 이루어지고 있습니다.

창조주의 대우주의 통치 중

에너지체들과 영혼들에 대한 관리와 통제는

사고조절자를 통해 이루어지고 있습니다.

사고조절자는
클라우드(cloud) 시스템과 같습니다.
창조주께서
에너지체들에게 부여하는 사고조절자는
에너지체(영)를 움직이는 소프트웨어 프로그램과도 같습니다.
창조주께서
영혼의 물질 체험을 하는 영혼에게 부여하는 사고조절자는
대우주의 정보 시스템에 허용되는 정보의 범위를 말합니다.
물질 체험을 하는 영혼에게
사고조절자가 많이 부여된다는 것은
온라인 게임에서 나의 아바타에게 장착할
아이템이 많다는 것을 의미합니다.

창조주께서 부여하는 사고조절자는
물질 여행을 하는 아바타에게 주는
아이템의 양과 질을 의미하는 것이며
달란트에 비유하기도 하며
인간의 개성을 나타나게 합니다.

사고조절자는
창조주께서 부여하는 선천적인 것입니다.
사고조절자는
창조주께서 부여하는 선천적인 것과
영혼이 물질 체험을 통해 경험한 모든 정보들이 기록되고 저장되어
후천적으로 발생하는 사고조절자가 있습니다.

후천적인 사고조절자는
영혼이 물질 체험을 통해 이루어 놓은 정보이며
빅데이터를 말합니다.

영혼이 진화를 한다는 것과
영혼이 진화를 하는 이유는
후천적인 사고조절자를 확장하는 것입니다.
창조주께서 대우주에 펼쳐놓은 삼라만상을
얼마만큼 어느 정도에서 체험하고 경험했는지에 대한 내용들은
모두 기록되고 저장이 됩니다.
내가 이 우주에서 경험한 모든 것은
나의 것이 되며
내 영혼이 대우주의 사고조절자 시스템에서
경험하고 체험한 이정표인 것입니다.

사고조절자는 대우주의 시스템입니다.
사고조절자는 대우주의 설계도이며
사고조절자는 대우주의 빅데이터입니다.
사고조절자를 통해
내 영혼이 어느 우주에서 어느 행성에서
어떤 지점에서
어떤 곳에서 물질 체험을 하고 있는지를 알려주는 지표이며
대우주의 어느 곳을 여행하고 있는지
대우주의 어느 곳으로 여행을 할 것인지를 알려주는
영혼의 이정표와도 같습니다.

창조주께서 영혼에게 사고조절자를 부여한다는 것이 갖는 의미는
다음과 같습니다.

창조주께서 대우주에 펼쳐놓은 전체 범주가 100이라 하면
한 영혼에게 5개의 카테고리를
마음껏 여행할 수 있는 권한을 주는 것과 같습니다.

하나의 카테고리 안에서
내 영혼의 물질 체험 과정 과정을 통과할 때마다
'참 잘했어요'라는 스티커를 받게 됩니다.
이 스티커 100장이 다 모여야
하나의 카테고리를 벗어나
다른 여행지(카테고리)를 여행할 수 있는 것입니다.

스티커 한 장 한 장이 내 영혼의 진화이며
스티커 한 장 한 장이 내 영혼의 기록물이며
스티커 한 장 한 장이 내 영혼이 채워야 할
내 영혼이 채워나가야 할 사고조절자입니다.
스티커 한 장이 다음 스티커 한 장을 받기 위한 인과율이 되며
나의 달란트의 기초가 되며
내 인격이나 개성의 기초가 되기 때문에
후천적인 사고조절자라고 하는 것입니다.

창조주로부터 받은 사고조절자는
영혼마다 자신이 받은 5개의 카테고리가 모두 다릅니다.

영혼마다 받은 5개의 카테고리가 다르기에
영혼의 진화 과정이 영혼마다 다릅니다.
영혼이 진화를 하는 이유는
영이 사고조절자를 부여받는 순간
영혼이 사고조절자를 부여받는 순간
영혼은 대우주를 여행할 수 있는 권한과 의무가
자동적으로 부여되기 때문입니다.

사고조절자를 인류의 의식의 눈높이에서 비유하면
다음과 같습니다.

창조주께서 대우주에 펼쳐놓은 삼라만상을
100개의 카테고리(대범주)로 비유하겠습니다.
영혼마다 부여되는 사고조절자는 다릅니다.
평균적으로 5개의 사고조절자가 부여됩니다.
내 영혼에게 5개의 사고조절자가 부여되었다면
내 영혼에게 이번 생애에 접속을 허락한
5개의 큰 카테고리 속에서
영혼은 물질 체험을 통해
하부 카테고리들을 스스로 채워야 합니다.

영혼이 창조주로부터 받은 5개의 사고조절자는 모두 다릅니다.
사고조절자의 카테고리가 다르기에
어떤 영혼은 광물에서부터 시작하고
어떤 영혼은 에너지체(천사)에서부터 시작하고

어떤 영혼은 인간에서부터 시작하고
어떤 영혼은 뱀에서부터 시작하고
어떤 영혼은 꽃에서부터 시작하게 됩니다.
1개의 사고조절자를 모두 체험하고 완성하는데 걸리는 시간은
인간의 상상력을 벗어나 있습니다.

인간이 산다는 것은
영혼이 진화를 한다는 것은
창조주로부터 1억짜리 적금통장 5개를 받는 것에 비유할 수 있습니다.
1억짜리 적금통장 5개가
창조주께서 영혼에게 준 5개의 사고조절자가 됩니다.
1억짜리 적금통장에 적금을 채우기 위해
영혼은 물질 여행을 하고 있으며
당신 영혼은 지금 이대로의 모습으로 살고 있는 것입니다.
1억짜리 적금통장에 차곡차곡 저축된 금액이
당신 영혼의 진화의 결과물이며
당신 영혼이 경험하고 체험한 당신의 재산이며
우주에서는
영혼이 물질 체험을 통해 반드시 채워야 할 것으로
후천적인 사고조절자라고 합니다.

빛의 일꾼인 당신의 영혼이
250만 년 동안 테라(지구) 프로젝트에 참가하고
받기로 한 금액은 약 만 원 정도 됩니다.
당신의 영혼이 우주의 오랜 시간 동안

영혼의 물질 체험을 통해 저축한 돈이
1억이라는 적금통장을 채우고 나면
스테이지 2(2번째 카테고리)로 영혼의 여행을 시작하게 됩니다.

이렇게 이렇게 스테이지 5까지 마치고 나면
1억짜리 적금통장 5개를 다 채우고 나면
또 다시 5개의 1억짜리 적금통장을 채우기 위해
창조주께서 펼쳐놓은 18층짜리 빌딩 중에
한 층의 방 한 칸의 체험을 끝내고
같은 층의 다른 방 한 칸을 체험하기 위해
당신의 영혼은 적금을 붓기 시작할 것입니다.
또 다시 적금의 만기가 도래하게 되고
같은 층의 체험을 모두 마치고 나면
짝수 층위의 다른 방 한 칸을 체험하게 될 것입니다.

인류의 건승을 빕니다.

우주 함선들에 대한 정리

UFO에 대한 정리

인류가 하늘이라고 생각하는 하늘은
우주 그 어디에도 없습니다.
인류가 하늘이라고 믿고 있는
하늘의 실체에 가장 가까운 것은
인간의 눈에는 잘 보이지 않고
인류의 과학기술로는 확인할 수 없습니다.

하늘에는 수많은 함선들이 떠 있습니다.
인간이 천사라고 알고 있는
에너지체들이 머물고 있는 우주 함선이 있습니다.
인간이 귀신이라고 알고 있는
에너지체들이 머물고 있는 우주 함선이 있습니다.
인간이 하늘이라고 알고 있으며
인간이 하늘이라고 그렇게 믿고 있는
하늘의 행정 업무를 총괄하여 맡고 있는
하늘의 조직 역시
우주 함선에 서버를 두고 있으며
에너지체(천사)들이 관리하고 있습니다.

하늘은 우주 함선을 통하여
행성들을 운영하며 관리하고 있습니다.

하늘은 우주 함선을 통하여
항성(태양)들을 운영하며 관리하고 있습니다.
하늘은 우주 함선을 통하여
태양계를 운영하며 관리하고 있습니다.
하늘은 우주 함선을 통하여
은하를 운영하며 관리하고 있습니다.
하늘은 우주 함선을 통하여
대우주를 운영하며 관리하고 있습니다.

우주 함선마다 역할이 다릅니다.
우주 함선마다 머물고 있는 차원이 다릅니다.
우주 함선의 함장은 차원의 최고 관리자입니다.
우주 함선의 함장은 행성의 최고 관리자입니다.
우주 함선의 함장은 항성의 최고 관리자입니다.
우주 함선의 함장은 은하의 최고 관리자입니다.
우주 함선의 함장은 우주의 최고 관리자입니다.
우주 최고의 함선은 우주 연방함선이며
우주 연방함선의 함장은 창조주(비로자나)이며
대우주를 관리하며 운영하고 있습니다.

우주는 우주 함선들을 통해 운영됩니다.
우주 함선들의 조직은
단일 명령체계의 군사 조직으로 운영됩니다.
우주 함선들 사이에는
차원에 따른 서열이 정해져 있으며

진동수의 차이에서 오는
에너지의 크기에 의해 서열이 정해집니다.
우주 연방함선이 모든 함선들을 지휘하고 있습니다.

높은 차원일수록 함선의 크기가 크며
여러 차원이 함께 공존하는 함선입니다.
우주 연방함선의 크기는 지구 행성보다도 크며
함선 내에 모든 차원이 공존하고 있습니다.
함선 내에 모든 차원의 에너지체들이 탑승하고 있으며
함선들의 특성에 맞는
행정 업무와 특수 업무들을 수행하고 있습니다.

인류의 눈에 자주 띄는 함선들은
5차원과 7차원의 소형 우주 함선들입니다.
인류의 의식의 눈높이에서
주로 UFO라고 알려져 있는 우주 함선들입니다.
주로 정찰 업무를 맡고 있으며
하늘에서 계획한 프로그램들을
실무적으로 집행하는 역할을 수행하고 있습니다.
낮은 차원의 함선들은
대기권 안에서 작전을 수행합니다.
높은 차원의 함선들은
대기권 밖에서 작전을 지휘하고 있으며
작은 함선들을 대기권 안으로 보내
실무적인 일들을 집행하고 있습니다.

9차원과 11차원의 함선들은 워낙 대형 함선들이라
인류의 눈에 잘 드러내지 않지만
필요에 의해 가끔 드러나는 경우가 있습니다.

13차원과 15차원의 함선들은
지구 대기권을 벗어나 있기에 인간의 눈에 띄지 않습니다.

17차원과 18차원의 함선들은
행성보다도 훨씬 큰 경우가 대부분입니다.
행성에서 멀리 떨어져 있기에 인간의 눈에 띄지 않습니다.
주로 자선들을 이용하여 임무를 수행합니다.

하늘에 떠 있는 우주 함선들에 대하여 정리할 필요성이 있어
차원별로 존재하고 있는 우주 함선들을 정리하여 기록으로 남깁니다.

◈ 5차원 함선
지구 영단을 운영하고 있는 대형 함선이
남극과 북극 상공에 있습니다.

- 지구 영단에서 죽은 영혼들을 수거하는데 사용되는
  소형 함선들을 운영하고 있습니다.
- 지구 영단에서 새로운 생명체의 입식이나
  에너지의 회수를 전담하는 소형 함선들을 운영하고 있습니다.
- 지하 문명에서 영단의 운영을 위해
  실버 함대와 레인보우 함대를 운영하고 있습니다.

높은 차원의 함선에 속해 있으며
모선(母船)의 임무를 위해
자선(子船)에 해당하는 함선들이 대기권에 들어와서
작전을 수행하고 있는 소형 함선들이 많습니다.

- 천상정부 소속 함선들의 자선들이 많으며
  상위자아들이 탑승하고 있는 함선이 있습니다.
  상위자아들이 지상에 있는 자신의 아바타들을
  관리하기 위해 존재합니다.
- 천상정부(7차원) 소속 함선들이 정보수집과 집행을 위해
  자선을 파견한 함선들이 있습니다.

◈ 7차원 함선

천상정부를 상징하는 함선입니다.
지구 행성에 대한 모든 정보를 가지고 있으며
한 행성에 관한 행정 업무를 총괄하는 중형급 함선입니다.

- 행성에 존재하는 모든 생명체들의 의식과 감정을
  관리하고 운영하고 있는 함선입니다.
- 7차원의 에너지체들이 머물고 있으며
  에너지체들을 행성으로 공급하거나
  이동 또는 회수하는 일들을 담당하고 있는 함선입니다.

7차원 함선은 높은 차원에 있는 함선들의 지휘를 받고 있습니다.
행성의 실무를 담당하고 있습니다.

행성의 물리적 환경을 일정하게 유지될 수 있도록 하는 등의
행성에서 특수한 임무를 담당하고 있는 함선이 있습니다.
행성에 특수한 에너지장을 설치하거나
이적과 기적을 위해
특수 에너지장의 설치를 전문적으로 담당하는 함선이 많습니다.

◈ 9차원 함선
중대형급의 우주 함선들을 말하며
주로 대기권 밖에서 활동을 합니다.
행성을 관리하는 컨트롤 타워 역할을 합니다.
행성의 사회관계망 시스템을 주관하고 있는
특성화되고 전문화된 함선입니다.

◈ 11차원 함선
대형급의 우주 함선들을 말하며
하나의 태양에 속해 있는 행성들에 대한
관리와 통제를 맡고 있는 우주 함선들을 말합니다.
행성 전체에 대한
모든 컨트롤 센터 역할을 맡고 있는 함선입니다.

- 하나의 우주 함선에서
  여러 개의 행성을 관리하고 운영하는 함선입니다.
- 외계 행성에서 온 빛의 일꾼들의
  본영이 타고 있는 함선이 있습니다.

◈ 13차원 함선

하나의 은하 내에 있는
행성에 관한 진화 로드맵을 짜고
행성의 진화를 주관하는 우주 함선이며
행성 연합함선으로 알려져 있습니다.

- 어둠의 정부 인사들의 본영이 탑승하고 있으며
  어둠의 정부 인사들을 지휘하는 함선이 있습니다.
  멜기세덱 그룹과 데이날 그룹들을 지휘하는 함선이 있습니다.

◈ 14차원 함선

상승하는 영혼들의 진화를 총괄하고 있는
태극의 세계에서 운영하고 있는 함선이며
천상정부 최고의 의사 결정기구가 있는 함선입니다.

◈ 15차원 함선

하나의 은하 내에 있는
태양(항성)들의 진화를 기획하고 주관하고 관리하는 함선이며
항성 연합함선으로 알려져 있습니다.

◈ 17차원 함선

인류에게 은하 연합이라고 알려져 있으며
우주 연합함선이라 합니다.

- 서양 채널링 메시지에서 피닉스호로 알려져 있습니다.

네바돈 우주 창조주인 예수님(사난다)이 총사령관이며 함장입니다.

- 지역 우주를 운영하고 담당하고 있는 함선입니다.
  지역 우주 창조주께서 탑승하여
  은하를 운영하고 경영하는 우주 함선입니다.

◈ 19차원 함선

대우주의 창조주께서
대우주를 직접 관리하고 운영하는 우주 함선입니다.
창조주의 권능을 실현하기 위한
19차원의 실무적인 일을 집행하는 곳입니다.
창조주의 대우주의 통치를 뒷받침하는 거대한 우주 함선들입니다.

- 지구 행성에
  물질세계의 자미원을 건설하기 위해
  2017년 12월 12일에 지구 대기권의 차원간 공간으로
  우주 연방함선이 내려와 작전 수행 중에 있습니다.

시절인연이 있는 인자들을 위해
우주 함선들에 대한 정보를 기록으로 남깁니다.

보이지 않는 하늘의 실체 우주 함선

하늘이 자신들을 특별하게 사랑하여
우주선이 자신들을 구해줄 것이라고
굳게 믿고 있는 사람들이 있습니다.
하늘이 자신들의 영혼그룹들을 특별하게 사랑하여
마지막 때에 우주선으로 데리러 올 것이라고
굳게 믿고 있는 사람들이 있습니다.

하늘을 쳐다보며 마지막 때에 자신들을 구원해 줄
우주선을 기다리고 있는 사람들이 있습니다.
밤하늘을 쳐다보면서 자신들을 구원해줄
우주 함선들과 교신을 하기 위해 애쓰는 사람들이 있습니다.

우주 함선을 통한 인류의 구원은 없습니다.
우주 함선을 통한 예수님의 재림은 없습니다.
예수님은 구름을 타고 오지 않습니다.
예수님은 마지막 때 살아남은 인류 앞에
인간의 육신의 옷을 입은 모습으로 나타날 예정입니다.

지금의 지구 행성은 창조주의 대우주 통치를 보좌하고 집행하는
19차원의 우주 함선들에 의해
안전하게 관리되고 통제되고 있습니다.

어둠의 정부 소속 극소수의 인자들만이
소형 우주 함선을 통해
지구 대기권을 오고 가고 있을 뿐입니다.

지구 행성의 하늘에는
참 많은 우주 함선들이 작전 중에 있습니다.
자연재해가 있는 모든 곳에는 우주 함선들이 있습니다.
대규모의 인명 피해가 발생한 곳에는 우주 함선들이 있습니다.
기상 이변이 있는 곳에는
작전에 참여하고 있는 우주 함선들이 있습니다.

신비 현상이 있는 곳에는 작전 중인 우주 함선들이 있습니다.
인간의 과학기술로는 설명되지 않는
모든 자연 현상들 뒤에는
작전 중에 있는 우주 함선들이 반드시 있습니다.

이적과 기적이 일어나는 모든 곳에는
작전에 참여 중인 대규모의 우주 함선들이 있습니다.
우주 함선들의 에너지장의 설치 없이
우주 함선들의 에너지의 도움 없이
어떠한 이적과 기적도
물질세계에서 우연하게 일어날 수 없습니다.

거짓 선지자들이 대규모의 영적 능력을 펼치는 곳에는
그들을 지원하는 우주 함선들이 반드시 있습니다.

인간의 질병을 치유하는 사람들이나
불치병과 난치병을 치유하는 사람들 곁에는
그들에게 하늘의 에너지를 공급하는 우주 함선이 배치되어 있습니다.

영적 능력을 크게 사용하고 있는 종교계 유명 인사들이나
영적 능력을 크게 대규모로 사용하고 있는 종교 지도자들에게는
그들의 영적 능력을 지원하고 관리하고 있는
우주 함선들이 반드시 있습니다.

세계를 움직이는 중요 인물이나
어둠의 정부 최고위층 인물들에게도
그들에게 느낌이나 직관을 통해 정보를 주고 관리하는
우주 함선들이 배치되어 작전 중에 있습니다.

세계의 중요 핵무기 저장 시설이나
핵과 관련된 주요 시설들에는 그곳을 안전하게 관리하기 위한
대규모의 우주 함선들이 배치되어 작전 중에 있습니다.

외계 행성에서 온 영혼들을 지원하기 위해 활동하고 있는
우주 함선들 또한 참 많습니다.

천사들이 있는 곳이 우주 함선입니다.
인류가 생각하고 있는 하늘이 있는 곳이 우주 함선입니다.
지구 행성을 관리하고 있는 우주 함선은
지구 행성보다 3배 이상 크며 목성 근처에 있습니다.

지금까지 지구 행성을 관리하고 있는 최고 사령관은
네바돈 우주의 창조주이신 예수님과 석가모니 부처였습니다.
지금까지 지구 행성을 관리하고 있던 우주 함선은
우주 연합함선이며 피닉스호라고 인류에게 알려져 있습니다.
우주 연합함선의 최고 사령관의 우주에서의 이름은
크라이스트 마이클 또는 사난다 임마누엘입니다.

2017년 12월 12일부터 지구 행성의 관리권한이
창조주의 대우주 통치를 뒷받침하는
우주 연방함선으로 전환되었습니다.

우주 함선들은 진동수의 차이로 인하여
인간의 과학기술로는 볼 수 없습니다.
우주 함선들은 그들만의 차원간 공간 속에 있기에
인간의 눈으로는 볼 수가 없습니다.
우주 함선들이 물질세계에 나타날 때는
반드시 위장을 하고 나타나야 합니다.
이것은 지구 행성과 같은 폐쇄형 행성에서는
반드시 지켜져야 하는 우주의 보편적인 법칙입니다.

인간의 눈에 목격이 되고
인간의 카메라에 목격이 되는 우주 함선들은
하늘의 승인 하에 하늘의 철저한 계획에 의해
지구 행성의 물질 매트릭스에 크게 영향을 주지 않는 범위 내에서
일부분만 허용되고 있을 뿐입니다.

지구 행성은 우주에 개방을 한 행성이 아닙니다.
지구 행성은 우주에서 가장 폐쇄적인 행성입니다.
지구 행성은 창조주에 의해
우주의 감옥 행성으로 지정되어 운영되고 있었던 폐쇄형 행성입니다.

지구 행성은 외부로부터의 우주 함선들의 접근이
철저하게 차단되어 있는 폐쇄형 행성입니다.
지구 행성에서 활동하고 있는 모든 우주 함선들은
19차원 우주 연방함선의 지휘를 받고 있음을 전합니다.

하늘은 보이지 않는 세계에서
보이지 않는 손으로
수천만 개가 넘는 은하들을 관리하고 있습니다.
하늘은 보이지 않는 세계에서
보이지 않는 우주 함선들을 통하여
모래알보다도 많은 행성들과 태양들을 관리하고 있습니다.

하늘은 보이지 않는 세계에서
보이지 않는 손인 우주 함선을 통해
행성의 자연 현상과 기후 변화 등을 안전하게 관리하고 있습니다.

하늘은 보이지 않는 세계에서
보이지 않는 손인 우주 함선을 통해
인간과 사회 현상들을 관리하고 있습니다.

하늘은 보이지 않는 세계에서
보이지 않는 손인 우주 함선을 통해
영적 능력을 사용하고 있는 종교인들과
영적 능력을 사용하고 있는 영성인들을 통해
지구 행성의 종교 매트릭스들을 유지하고 관리하고 있습니다.

우연처럼 보이는 모든 곳에
하늘의 보이지 않는 손이 있습니다.
신비한 현상이 나타나는 모든 곳에
하늘의 보이지 않는 손인 우주 함선들이 있습니다.
이적과 기적이 일어나는 모든 곳에
불가능한 것을 가능하게 하는 하늘의 보이지 않는 손인
우주 함선들이 있음을 전합니다.

보이지 않는 하늘의 실체에 대한 불편한 진실을 전합니다.
하늘의 보이지 않는 손인 우주 함선에 대한
불편한 진실을 전합니다.

기록의 필요성이 있어
정리의 필요성이 있어
우데카 팀장이 이 글을 기록으로 남깁니다.

원죄原罪란 무엇인가?

원죄란 하늘에서 천사들이 지은 죄를 말합니다.

원죄란 하늘에서 대우주를 운영하는 창조주의 의식에서 벗어난
천사들이 지은 죄를 말합니다.

원죄란 하늘에서 천사들의 전체의식에서 벗어난
천사들이 지은 죄를 말합니다.

원죄란 하늘에서 천사들이 창조주의 명령을 거부하고
영의 자유의지만을 주장하는 것을 말합니다.

원죄란 하늘에서 천사들의 반란을 주도한 천사들이
우주 법정에서 판결받은 죄를 말합니다.
원죄란 하늘에서 루시퍼의 반란에 참여한 천사들이
우주 법정에서 판결받은 죄를 말합니다.

원죄란 하늘에서 천사들이 죄를 짓고 땅으로 내려올 때
우주 법정에서 판결받은 형량을 말합니다.

원죄 중에 가장 큰 원죄는 자신을 창조한 창조주를 부정하고
스스로를 창조주라고 여기는 것입니다.

원죄란 천사들이 우주 법정에서 영혼의 소멸판정을 받고
땅으로 환속이 결정될 때 받은 죄목을 말합니다.

원죄란 창조주께서 주신 영의 고유성이
심각하게 훼손되었을 때를 말합니다.

원죄란 창조주께서 영이 창조될 때 모든 영들에게 주신
양심이라는 의식을 잃어버렸을 때를 말합니다.

원죄란 창조주께서 영이 창조될 때 모든 영들에게 주신
사랑과 자비와 연민의 에너지를 잃어버렸을 때를 말합니다.

원죄란 창조주께서 영이 창조될 때
영에게 부여하신 사고조절자가 손상되어
영이 정상적인 영의식을 구현하지 못할 때를 말합니다.

원죄란 창조주께서 영이 창조될 때 부여하신 진리의 영이 잘못되어
영이 정상적인 영의식을 구현하지 못할 때를 말합니다.

원죄란 창조주께서 영이 창조될 때 부여하신 거룩한 영이 잘못되어
영이 정상적인 영의식을 구현하지 못할 때를 말합니다.

원죄란 창조주께서 영이 창조될 때 부여하신 영 에너지가
심각하게 오염되어 정상적인 영의식을 구현하지 못할 때를 말합니다.

원죄란 창조주께서 영이 창조될 때 주신 영의식의 축이 무너져
진동수가 높은 빛에 반응하지 못하고
진동수가 낮은 어둠의 빛에 반응할 때를 말합니다.

원죄란 비물질세계에서 일하고 있는 높은 진동수를 가진 천사들이
진동수가 낮은 물질세계에 자주 노출이 되면서
진동수가 낮은 에너지에 반응하면서
영의식의 축이 무너지는 것을 말합니다.

원죄란 영혼이 물질 체험을 하는 도중 지은 카르마로 인하여
영의식의 축이 무너져
비정상적인 의식으로 구현될 때를 말합니다.

원죄란 영혼이 물질 체험을 하는 과정에서
자신이 지은 과도한 카르마 에너지로 인하여
영의식의 발현이 비정상적으로 이루어질 때를 말합니다.

원죄란 영이 창조주에 의해 창조될 때의 영의식을 기준으로
영의식이 비정상적으로 발현하게 될 때를 표현하는
하늘의 언어임을 전합니다.

원죄는 창조주에 의해서만 죄사함을 받을 수 있습니다.
원죄는 창조주에 의해서만 용서받을 수 있습니다.

원죄는 영의 교정을 통해서만 치유될 수 있습니다.

원죄는 영의 교정을 통해서만
새로운 영으로 거듭날 수 있음을 전합니다.

영의 교정을 위해 너무 간절히 기도하지 마시기 바랍니다.
영의 교정을 위해 너무 큰 소리로 기도하지 마시기 바랍니다.
영의 교정을 위해 하늘에 제사를 지내지 않으셔도 됩니다.
영의 교정을 위해 너무 애쓰지 않아도 됩니다.

영의 교정은 땅으로 내려온 하늘의 공리에 의해 이루어질 것입니다.
영의 교정은 땅으로 내려오신 창조주에 의해
하늘의 섭리에 의해 이루어질 것입니다.
영의 교정은 땅으로 내려오신 창조주에 의해
산 자와 죽은 자를 구분하는 심판으로 이루어질 것입니다.

기록의 필요성이 있어
정리의 필요성이 있어
우데카 팀장이 이 글을 기록으로 남깁니다.

우주의 사법절차

영혼들이 죄를 지으면 카르마가 남게 됩니다.
영혼들이 죄를 지으면 지옥에 가지 않습니다.
영혼들이 죄를 지으면 우주의 재판에 넘겨집니다.
영혼들이 죄를 지으면 영혼이 소멸됩니다.

영혼들이 죄를 지으면 창조주께서 주신 양심을 잃어버리게 됩니다.
영혼들이 죄를 지으면 창조주께서 주신 사랑을 잃어버리게 됩니다.

영혼들이 죄가 많아질수록 영의식의 발현에 문제가 발생합니다.
영혼들이 죄가 많아질수록 유물론자가 됩니다.
영혼들이 죄가 많아질수록 공산주의자가 됩니다.

영혼들이 죄가 커지면 커질수록 창조주를 부정하게 됩니다.
영혼들이 죄가 커지면 커질수록 영혼은 우주의 사법절차에 따라
재판을 받게 됩니다.

천사들이 하늘에서 죄를 지으면 업무가 중지됩니다.
천사들이 하늘에서 죄를 지으면 영의식에 문제가 발생합니다.
천사들이 하늘에서 죄를 지으면 업무가 중지되고
영의 교정작업이 이루어집니다.

죄를 지은 천사들이 영혼의 교정작업으로
교정이 도저히 불가능하다고 판단되는 경우
우주의 사법 판결 과정을 거쳐서 영혼의 소멸이 집행됩니다.

죄를 지은 천사들이 우주의 사법제도를 거쳐 판결을 받은 후
영혼의 교정을 위해 땅으로 쫓겨나는데
이것을 우주에서는 환속이라고 합니다.

죄를 지은 천사들은 반드시 우주의 사법제도를 거칩니다.
차원별로 환속 또는 영혼의 소멸이 이루어지는 비율은
다음과 같습니다.

죄를 지은 18차원 천사들의 경우 환속 2 : 영혼의 소멸 8
죄를 지은 17차원 천사들의 경우 환속 1 : 영혼의 소멸 9
죄를 지은 16차원 천사들의 경우 환속 1.5 : 영혼의 소멸 8.5
죄를 지은 15차원 천사들의 경우 환속 4 : 영혼의 소멸 6
죄를 지은 14차원 천사들의 경우 환속 3 : 영혼의 소멸 7
죄를 지은 13차원 천사들의 경우 환속 4 : 영혼의 소멸 6
죄를 지은 12차원 천사들의 경우 환속 4 : 영혼의 소멸 6
죄를 지은 11차원 천사들의 경우 환속 4 : 영혼의 소멸 6

재판없이 영혼이 소멸되는 천사들의 대부분은
창조주를 부인하거나 자신에게 주어진 고유한 의식을
발현하지 못하는 경우가 대부분입니다.

5차원에서 10차원까지의 천사들의 경우는
물질계의 하늘에 있기에 죄를 짓는 경우가 거의 없으며
이런 경우는 대부분 영혼의 교정 후 업무에 복귀하게 됩니다.

천사들이 하늘에서 죄를 지으면 우주의 재판에 넘겨집니다.
천사들이 죄를 지으면 우주 법정에서 재판을 받게 됩니다.
천사들이 죄를 지으면 우주 재판을 받고 형량을 받게 됩니다.
천사들이 죄를 지으면 우주 재판을 받고
하늘에서 땅으로 쫓겨납니다.

일반 영혼들이 생명체의 외투를 입고
영혼의 물질 체험을 하는 과정에서
카르마와 윤회 시스템을 통하여
자신의 카르마를 해소할 수 있는 임계점을 넘어가게 되면
우주의 재판에 넘겨지게 됩니다.

천사들이 하늘에서 업무를 수행하다 중죄를 짓게 되면
우주의 재판에 넘겨지게 됩니다.

우주의 사법제도에 따라 판결되는 내용은 다음과 같습니다.
우주의 사법제도에 따라 판결을 받는
천사들과 일반 영혼들의 비중은 70 : 30으로
천사들의 비중이 훨씬 높습니다.

하늘에서 천사들이 죄를 짓는 비율이 일반 영혼보다 높습니다.

천사들이 죄를 짓는 비율이 일반 영혼보다 높은 이유는
천사들이 인간보다 더 높은 의식과 감정을
구현할 수 있기 때문입니다.

대우주는 엄격한 우주의 법 질서를 통해 운영되고 있습니다.
대우주에 존재하는 법은 인간의 법보다 더 엄격합니다.
하늘에서 죄를 지은 천사들에 대한 판결은 매우 엄격합니다.

천사들은 창조주를 대신하여
대우주를 관리하고 운영하는 주체입니다.
천사들이 하늘에서 담당하는 업무는 매우 막중하며
한 치의 오차없이 업무 수행이 이루어져야 하기 때문입니다.

일반 영혼들은 대우주의 카르마와 윤회 시스템 속에서
영혼의 물질 체험을 하기 때문에
카르마 균형 잡기를 통해
일정수준에서 카르마가 안정적으로 관리되기 때문에
우주의 사법재판으로 넘겨지는 경우가
천사들에 비해 상대적으로 적습니다.

우주의 사법제도에 따른 형량은 다음과 같습니다.
첫번째, 유배형이 있습니다.
두번째, 징역형이 있습니다.
세번째, 영혼의 물질 체험이 중지되는 형벌입니다.
네번째, 영혼의 소멸 판정입니다.

유배형과 징역형을 받은 영혼들과 천사들은
우주의 감옥행성에서 고통스러운 영혼의 물질 체험을
자신의 형벌 기간 동안 생활을 하게 됩니다.
최소 몇 백만 년에서 오천만 년까지 다양한 형벌을 받게 됩니다.

유배형과 징역형을 받은 영혼들은 우주의 감옥행성에서
육화를 통해 태어나서 자신의 형량만큼 고단한 삶을 살아야 합니다.

유배형과 징역형을 받은 자신의 형량만큼
영혼의 진화를 위한 삶이 아닌
카르마를 해소하기 위한 소모적이고 소비적인 삶을 살게 됩니다.

유배형과 징역형을 받은 자신의 형량만큼
감옥 행성의 영단에서 잃어버린 양심과
잃어버린 사랑을 회복하기 위한 힘들고 고단한 삶을 살아야 합니다.

영혼의 물질 체험이 중지되는 형벌은 매우 중범죄입니다.
영혼이 물질 체험이 중지되면 우주의 감옥에 갇히거나
영혼이 수천만 년 동안 잠을 자게 됩니다.
그동안 영혼의 진화가 멈추게 되는 가혹한 형벌입니다.

천사나 영혼들이 영혼의 소멸 판정을 받게 되는 경우가 있습니다.
죄를 지은 천사들 중 일부만이 우주의 사법제도의 판정을 거치며
대부분은 판결없이 하늘에서 영혼의 소멸이 이루어지게 됩니다.
천사나 영혼들이 영혼의 소멸 판정을 받게 되면

우주의 사법 행정절차에 따라 영혼의 소멸이 집행됩니다.

죄를 지은 영혼에게 가장 큰 형벌은 지옥에 가는 것이 아닙니다.
죄를 지은 천사에게 가장 큰 형벌은 지옥에 가는 것이 아닙니다.
죄를 지은 영혼과 죄를 지은 천사에게 최고의 형벌은
우주의 사법절차에 따라 영혼의 소멸 판정을 받는 것입니다.

영혼의 소멸 판정을 받은 영혼들은 우주의 사법절차에 따라
영혼의 소멸과정이 질서있게 집행됩니다.

기록의 필요성이 있어
정리의 필요성이 있어
우데카 팀장이 이 글을 기록으로 남깁니다.

그림리퍼들에 대한 정리
저승사자들에 대한 정리

그림리퍼는 우주에서 하늘의 법을 집행하는 집행관을 말합니다.
그림리퍼는 우주 법정에서 내려진 판결을
공평무사하게 집행하는 집행관을 말합니다.

그림리퍼는 창조주의 대우주 통치를
은하나 행성에서 뒷받침하기 위해 창조된
유토피언 천사장들을 말합니다.
그림리퍼는 우주 법정에서 내려진 판결을
은하와 행성에서 집행되는 것을 관리 감독하는 집행관을 말합니다.

그림리퍼는 창조주의 명령을 집행하는 법률 행정관을 말합니다.
그림리퍼들은 창조주의 명령을 어긴 고위직 천사들에 대해
우주 법정에서 내린 판결을 집행하는 천사장들입니다.

그림리퍼들은 창조주의 명령을 어긴 천사들에 대한 판결이 내려지면
그 판결이 집행되는 전 과정을 기록으로 남겨
우주 법정에 제출하는 역할을 맡고 있습니다.

창조주의 명령을 어긴 천사들이 물질세계로 환속이 이루어지면
그림리퍼들이 환속 이후의 모든 행정적 절차들을 기록으로 남겨
우주 법정에 제출하는 역할을 맡고 있습니다.

그림리퍼들이 지금 지구 행성에
대규모로 들어와 있습니다.
그림리퍼들은 지금 루시퍼 반란 사건에 관련된 천사들에 대한
법 집행을 위해서 들어와 있습니다.

그림리퍼들은 지금 우주 법정에서
영혼의 소멸판정을 받은 천사들에 대한
형 집행을 위해서 들어와 있습니다.
그림리퍼들은 지금 지구 행성에서
영혼의 소멸판정을 받은 천사들의
영혼의 환속중지를 집행하고 있습니다.

그림리퍼들은 지금 지구 행성에서
영혼의 소멸 판정이 집행되는 과정을 기록으로 남기고 있습니다.
그림리퍼들의 우주적 신분은 19차원의 유토피언들입니다.

저승사자는 은하 내에서 법을 집행하는 천사를 말합니다.
저승사자는 행성 내에서 법을 집행하는 천사를 말합니다.
저승사자는 영단 내에서 법을 집행하는 천사를 말합니다.

저승사자는 행성 영단 소속으로
고도의 의식을 가진 생명체들이
죽음의 과정을 두려움이나 공포 없이 맞이하도록
안내하는 천사를 말합니다.

저승사자는 고도의 의식을 가진 생명체들의 죽음 역시
우연한 것이 아닌 우주의 사법 시스템 안에서 집행되고 있음을
상징하는 것입니다.

저승사자는 행성 영단 소속으로 생명체의 죽음이 일어난 후
영혼백 에너지들을 회수하는 천사를 말합니다.

대우주에 사법제도가 처음 출현한 시기는 3주기 말입니다.
천황인 창조근원에 의해 우주의 사법제도가 처음 탄생되었습니다.
선천의 시대에 대우주에 사법제도가 설치되어 운영을 시작함으로써
창조근원의 대우주 통치가 사법 시스템에 의해 체계적으로
운영되었습니다.

하늘 스스로 정한 그 길이
우주의 사법 시스템에 의해 관리되고 집행되기 시작하였습니다.
대우주의 사법 시스템을 총괄하는 우주 사법 최고위원회가
지구 행성으로 이전되었습니다.

우주 사법 최고위원회는 3인으로 구성되어 있습니다.
우주 사법 최고위원회는 헌법재판소에 해당됩니다.
우주 사법 최고위원회 밑에 9명의 조정위원이 있습니다.
조정위원회 산하 48개 지부가
대우주 곳곳에 설치되어 있습니다.
조정위원회는 대법관에 해당됩니다.

48개 지부는 은하 내에서 자체적으로 해결되지 못하는
법률적 문제들을 해결하는 곳입니다.

은하마다 각각의 사법제도가 설치되어 운영되고 있습니다.
은하마다 존재하는 사법제도의 수장은
지역 우주 창조주들이 담당하고 있습니다.

대우주의 사법제도에 대한 기록의 필요성이 있어
이 글을 기록으로 남깁니다.

우주 사법 최고위원회

하늘은 시스템으로 일합니다.
하늘은 우주의 공리로써 일합니다.
하늘은 우주의 사법제도에 따라 법 집행이 이루어집니다.

하늘이 지구 행성으로 수도를 옮기는 천도가 이루어졌습니다.
하늘의 통치 시스템들이 지구 행성으로 천도가 이루어졌습니다.
대우주를 통치하는 모든 시스템들과 행정기관들이
지구 행성으로 천도가 이루어졌습니다.

우주 사법 최고위원회가 지구 행성의 차원간 공간으로
이전 완료되었습니다.

우주 사법 최고위원회 산하 많은 기구들이
지구 행성으로 이전이 완료되었습니다.

우주 사법 최고위원회는
창조주의 대우주 통치를 뒷받침하는 사법 시스템입니다.

우주 사법 최고위원회의 위원장은
창조주의 의식의 분화가 맡고 있습니다.

우주 사법 최고위원회와 그 산하 기구들이
공식적인 업무를 시작하였습니다.

지구 행성으로 창조주께서 내려와
직접 대우주를 통치하기 시작하였습니다.

창조주의 명령을 실행하기 위한
대우주의 통치 시스템들이 완성되어
본격적인 가동을 시작하였습니다.

창조주의 행정 명령을 집행하는 집행관들인 그림리퍼들이
본격적인 활동을 시작하였습니다.

지구 행성은 천사들의 반란에 참여한
천사들에 대한 형 집행을 위해 준비한
우주의 감옥행성 중 하나입니다.

지구 행성에 살고 있는 모든 영혼들에 대한 사법 판결이
우주 사법 최고위원회를 통해 내려지고 있습니다.

천사들의 반란에 참여한 천사들에 대한 최후 판결 내용이
영혼들에게 통보되고 있습니다.

천사들의 반란에 참여한 천사들에 대한 최후의 행정명령이
그림리퍼들을 통해 집행되고 있습니다.

천사들의 반란에 참여한 천사들 중에
영혼의 소멸 판정이 확정된 영혼들에 대한 환속중지 명령이
그림리퍼들을 통해 집행되기 시작하였습니다.

영혼의 소멸 판정이 확정된 천사들에 대한 육신의 죽음과 함께
영혼의 소멸에 대한 형 집행이
그림리퍼들에 의해 집행되기 시작하였습니다.

지구 행성에 살고 있는 모든 영혼들은
우주 사법 최고위원회의 판결에 따라 있어야 할 곳으로
그림리퍼들에 의해 행정명령이 집행되고 있습니다.

지구 행성에 살고 있는 모든 영혼들은
우주 사법 최고위원회의 행정명령에 의해 가야할 곳으로
그림리퍼들에 의해 집행되고 있습니다.

모든 영혼들은 하늘의 사법 시스템에 의해
자신이 있어야 할 곳으로
자신이 가야할 곳으로 가게 될 것입니다.

모든 영혼들은 우주의 사법 시스템에 의해
당신이 어느 은하에 있던지
당신이 어느 행성에 있던지
하늘의 보호와 하늘의 공평무사한 사랑을 받게 될 것입니다.

새 하늘과 새 땅에 들어갈 영혼들에 대한 행정명령 또한
그림리퍼들에 의해 집행되고 있음을 전합니다.

하늘이 준비한 지구 행성의 차원상승이 시작되었습니다.
하늘이 준비한 지구 행성의 물질문명 종결이 시작되었습니다.
하늘이 준비한 지구 행성의 마지막 때가 시작되었습니다.

하늘이 준비한 새로운 정신문명의 건설이 시작되었습니다.
하늘이 준비한 창조주께서 주관하는
아보날의 수여가 시작되었습니다.
하늘이 준비한 자미원의 건설이 시작되었습니다.

시절인연이 있는 하늘 사람들과 빛의 일꾼들에게
하늘의 기쁜 소식을 전합니다.

제로 포인트와 예수님의 탄생

제로 포인트는
대우주의 영점이 조정되는 시기를 말합니다.
제로 포인트는
대우주의 새로운 7주기의 시작을 앞두고
6주기를 마무리하고
하늘이 준비되는 시기를 말합니다.

제로 포인트 동안에
6주기까지 대우주가 진화하는 동안에 발생한
우주의 모순들이 해결되어야 합니다.
제로 포인트 동안에는
행성이 멸망하거나
행성의 영단이 폐쇄되면서 발생한
우주의 카르마들이 반드시 해소되어야 합니다.

제로 포인트 동안에
우주의 카르마를 해소하기 위해서
창조주에 의해 특별하게 준비된
종자행성이 지구 행성입니다.
제로 포인트 동안에
새로운 7주기를 열어갈 새로운 인종의 탄생과

실험들을 위해 준비된 실험행성과 종자행성이
지구 행성입니다.

제로 포인트 기간에
우주에서 발생한 카르마를 해소하기 위한
창조주의 의지에 의해
예수님의 탄생과 죽음이 준비되었습니다.
예수님의 우주적 신분은 지역 우주의 창조주입니다.
지역 우주의 창조주들의 주업무는
태양들을 탄생시키고
행성들을 탄생시키고
자신이 속한 은하를 관리하고 운영하는
최고 책임자입니다.

제로 포인트 기간에
우주의 카르마를 해소하기 위한 행성으로서
지구가 종자행성으로 정해졌습니다.
지구 행성이 속해 있는
네바돈 은하의 창조주인 예수님이
우주의 카르마를 대속하기 위한 상징으로
십자가 사건이
창조주에 의해 기획되었으며 실행되었습니다.

지구 행성의 인류 중 약 12%는
우주에서 죄를 짓고

자신의 카르마를 해소하기 위해
외계 행성에서 지구 행성에 유배되어 온 영혼들입니다.

제로 포인트가 진행되는 시기에
예수님의 탄생과 십자가 사건을 통한 죽음은
지역 우주 창조주인 예수님의 희생을 통해
우주의 카르마를 해소하고
영혼들의 죄를 대속하기 위해
창조주의 의지를 담은 사건입니다.
이것이 예수님의 십자가 사건에 숨어있는
우주의 비밀이며
우주의 아픔이었습니다.

예수님의 탄생으로
새로운 우주의 7주기를 열기 위한
제로 포인트의 영점조정이 시작되었습니다.
예수님이 활동하던 공식적인 3년 동안
창조주께서 워크인(walk-in)을 통해
예수님과 함께 동행하셨습니다.
예수님과 함께 이적과 기적을 일으키면서
눈에 보이지 않는 하늘이
눈에 보이는 하늘로 펼쳐졌습니다.

창조주가 생명체의 옷을 입고
물질 체험을 하는 경우는 없습니다.

새로운 대우주의 7주기를 위해
7주기의 핵심인 지상에 자미원을 건설하기 위해
제로 포인트가 마무리되는 2천 년 후
개벽의 시대
재림의 시대
부활의 시대를 준비하기 위해
예수님과 함께 동행하셨습니다.

지구 행성의 가이아 의식을 담당하고 있던
예수(석가모니)님을 통해
우주의 카르마를 해소하는 대속의 상징으로
십자가 사건은 준비되었습니다.
예수님의 십자가 사건 이후에
지구 행성의 영단에 우주의 카르마를 가진
외계 행성에서 온 빛의 일꾼들이 입식되어
카르마들이 본격적으로 해소되기 시작하였습니다.

제로 포인트 기간에
지구 행성 가이아 의식은
17차원에서 18차원의 의식을 거쳐
19차원의 창조주 의식으로 전환되었습니다.

예수님의 십자가 사건을 통해
빛의 일꾼 144,000명들의 프로그램들이
지구 행성에 본격적으로 펼쳐지기 시작하였습니다.

예수님의 십자가 사건을 통해
제로 포인트를 마무리하기 위해서
지구 차원상승이 본격적으로 시작될 수 있었습니다.

예수님과 동행하며 행한 이적과 기적들을 통해
창조주 하나님이 이 땅에 올 것이라는 암시가 있었습니다.
새로운 개벽의 시대가 올 것이라고
부활의 시대가 다시 올 것이라고 선언하였습니다.
창조주의 권능을 2천 년 전 인류에게 먼저 경험하게 하셨습니다.
제로 포인트를 마무리하기 위해
물질세계의 자미원의 건설을 위해
새 하늘과 새 땅의 건설을 위해
창조주 하나님의 출현을 준비하셨습니다.

재림 예수는
육신의 옷을 입고 태어나 살고 있습니다.
재림 예수는
자신의 우주적 신분을 비교적 늦게 통보받게 될 것이며
아무것도 모르는 채
재난의 과정에서 인류와 함께 고통을 함께할 것입니다.
재림 예수는
지구 행성의 차원상승 후
창조주 하나님과 함께 지상 위를 걷게 될 것입니다.

인류의 건승을 빕니다.

빛과 어둠의 양극성의 실험을 한 이유

빛과 어둠의 양극성의 실험이 대우주의 6주기에 있었습니다.
우주에서 빛과 어둠의 양극성의 실험을 한 이유는
온전한 창조주 하나님께서
땅으로 내려오기 위한 준비과정이었습니다.

우주에서 빛과 어둠의 양극성의 실험을 한 이유는
창조주께서 하늘의 수도를 물질세계로 옮겨
물질세상의 자미원을 열기 위한 사전 준비과정이었습니다.

우주에서 빛과 어둠의 양극성의 실험을 한 이유는
창조주께서 하늘의 수도를 물질세계로 옮겨 통치하기 전에
보이지 않는 세계에서 하늘의 시스템들과 천사들에 대한
구조조정이 필요했기 때문입니다.

우주에서 빛과 어둠의 양극성의 실험을 한 이유는
대우주가 처음 태동되는 태원의 시기에
우주는 한 분의 온전한 창조주 하나님이
세 분의 근원들로 분화하여 대우주를 운영하다가
다시 한분의 온전한 창조주 하나님으로 통합되는 시기가
도래하였기 때문입니다.

우주에서 빛과 어둠의 양극성의 실험을 한 이유는
공의 세계를 주관하는 창조근원과
기의 세계를 주관하는 근원의 근원과
색의 세계를 주관하는 모태근원이
온전한 창조주 하나님으로 흡수 통합되기 위해 꼭 필요했기 때문입니다.

대우주의 6주기에 빛과 어둠의 양극성의 실험을 한 이유는
대우주는 5주기까지 창조근원과 근원의 근원과 모태근원의
3개의 극성으로 운영되다가
6주기부터는 근원의 근원이 창조근원으로 흡수 통합되어
창조근원과 모태근원의 양극성으로 운영되었기 때문입니다.

대우주의 6주기에 빛과 어둠의 양극성의 실험을 한 이유는
진동수가 제일 높은 공의 세계를 주관하는 창조근원과
진동수가 제일 낮은 색의 세계를 주관하는 모태근원의
에너지 차이가 서로 대등하게 형성되었기 때문입니다.

대우주의 6주기에 빛과 어둠의 양극성의 실험을 한 이유는
진동수가 제일 높은 공의 세계를 주관하는 창조근원과
진동수가 제일 낮은 색의 세계를 주관하는 모태근원이
양극성을 펼쳐보고 두 근원이
온전한 창조주 하나님으로 흡수 통합되기 위한
진통의 과정이 필요했기 때문입니다.

대우주의 6주기에 빛과 어둠의 양극성의 실험을 한 이유는

우주가 태동될 때 분화한 진동수가 제일 높은 창조근원과
근원의 근원과 모태근원이 주관하던 선천의 시대를 마감하고
창조주 하나님이 펼치는 후천의 시대를 열기 위해서입니다.

대우주의 6주기에 빛과 어둠의 양극성의 실험을 한 이유는
온전한 창조주 하나님에 의해 우주가 태동될 때부터 준비된 계획인
온전한 창조주 하나님이 땅으로 내려오기 위한
대우주의 장기 프로젝트가 펼쳐진 것입니다.

대우주의 6주기에 빛과 어둠의 양극성의 실험을 한 이유는
빛과 어둠의 양극성을 통합하여
온전한 창조주 하나님의 의식을 탄생시켜
새로운 후천의 시대를 열기 위해서입니다.

대우주의 6주기에 빛과 어둠의 양극성의 실험을 한 이유는
한 분의 창조주 하나님이 세 분의 근원으로 분화하였다가
두 분으로 합쳐지고
다시 한 분의 창조주 하나님으로 탄생하면서
반드시 필요한 에너지의 전환 과정이 있어야 했기 때문입니다.

빛과 어둠의 양극성의 실험은
하늘에서 루시퍼의 반란 사건으로 정점을 이루었습니다.
빛과 어둠의 양극성의 실험을 극대화하기 위해
창조주의 치밀한 계획하에
13번째 주영인 루시엘 천사는 창조주의 밀명을 받고

자신의 기억을 봉인하고
루시퍼 반란을 주도하였습니다.

빛과 어둠의 양극성의 실험을 완성하기 위해
창조주께서 펼치시는 천사들의 반란사건 후에
지금의 테라 프로젝트를 통보받고
루시엘 천사의 고유의 사고조절자를 철거하고
루시엘 천사의 기억을 모두 봉인하고
작전에 투입되었습니다.

빛과 어둠의 양극성의 실험이 있었기에
하늘의 모순을 드러낼 수 있었으며
하늘의 모순을 천사들의 반란사건을 통해 해결할 수 있었습니다.

빛과 어둠의 양극성의 실험이 있었기에
대우주는 진화할 수 있었으며
선천의 시대를 마감할 수 있었습니다.

빛과 어둠의 양극성의 실험이 있었기에
창조주께서 육신의 옷을 입고
후천의 세계를 펼칠 수 있게 되었습니다.

빛과 어둠의 양극성의 실험이 있었기에
대우주의 모순을 찾아낼 수 있었으며
대우주의 모순을 해결할 수 있었습니다.

빛과 어둠의 양극성의 실험이 있었기에
선천의 모순을 해결할 수 있었으며
후천의 세계를 열 수 있는 토대가 되었습니다.

이 우주에서 잘못되는 것은 아무것도 없습니다.

모든 것은 창조주의 의식에서 나와 마음껏 뛰어놀다
때가 되면 창조주의 의식으로 돌아가는 것입니다.

기록의 필요성이 있어
정리의 필요성이 있어
우데카 팀장이 이 글을 기록으로 남깁니다.

제4부

지상으로 내려온 창조주 하나님 시스템

후천의 시대는 창조주의 시대입니다.

창조주의 시대는 지상으로 내려오신 창조주께서

신정정치를 통해 직접 통치하는 시대를 말합니다.

창조주의 시대는 지상으로 내려오신 창조주께서

지구 행성에서 원하는 모든 것들을 다 펼칠 수 있도록

하늘의 시스템을 통해 직접 통치하는 시대를 말합니다.

하늘이 땅으로 내려왔다는 것이 갖는 의미

지구 행성의 차원상승을 위해
진공묘유에 계시던 온전한 창조주 하나님께서
육신의 옷을 입고 땅으로 내려오셨습니다.

지구 행성을
진공묘유의 19차원인 유토피아로 만들기 위해
온전한 창조주 하나님께서 수도를 이전하셨습니다.

지구 행성에서 온전한 창조주 하나님께서
육신의 옷을 입고 대우주를 통치하기 위하여
하늘의 시스템들과 천사들이 땅으로 내려와 완성되었습니다.

선천의 하늘을 이끌어 왔던
18차원의 천지인 삼황의 창조주의 시대가 끝이 났습니다.

선천의 하늘을 이끌어 왔던
창조근원(천황)과
근원의 근원(지황)과
모태근원(인황)의 삼황이
모두 온전한 창조주 하나님의 의식으로
흡수 통합이 이루어졌습니다.

삼황합도(三皇合道)와
삼황합덕(三皇合德)과
삼합일도(三合一道)의 과정을 거쳐
18차원의 삼황의 창조주 의식들과 시스템들이
19차원의 온전한 창조주 하나님의 의식과 시스템들로 전환되었습니다.

후천의 하늘을 이끌어갈 19차원의 온전한 창조주 하나님께서
육신의 옷을 입고 하나님 나라를 건설하기 위하여
땅으로 내려와 완성되었습니다.

후천의 시대를 이끌어갈
진공묘유에 계셨던 대우주의 주재자인 온전한 창조주 하나님께서
진공묘유의 법칙과
진공묘유의 빛으로
육신의 옷을 입고 대우주를 통치하기 시작하였습니다.

하늘이 땅으로 내려와 완성되었습니다.
하늘이 땅이 되고 땅이 하늘이 되었습니다.

그동안은 하늘의 계획이 하늘의 뜻에 의해
땅에서 집행되었습니다.

이제는 하늘의 뜻을 하늘이 아닌
땅에서 육신의 옷을 입은 온전한 창조주 하나님께서 명령을 내리고
눈에 보이지 않는 하늘이 집행하게 된 것을 의미합니다.

하늘의 모든 천사들이

육신의 옷을 입은 창조주 하나님의 명령을 수행 중에 있습니다.

하늘의 뜻이 땅에서 펼쳐지고 있습니다.

땅의 뜻이 하늘에 의해 집행되고 있습니다.

하늘이 땅이 되고

땅이 하늘이 되었음을

우데카 팀장이 전합니다.

창조주가 땅으로 내려온 이유

하늘은 하늘 스스로 정한 길을 갑니다.
하늘은 인간의 눈높이에서 일하지 않습니다.
지구 행성에서 인류를 위해
하늘이 준비한 연극 무대가 철거되기 시작하였습니다.

땅으로 내려온 하늘의 준비가 끝났습니다.
하늘은 거칠어질 것이며
하늘의 맨얼굴들을 인류 앞에 드러낼 것입니다.
지구 행성에서 인류를 위해 준비한
영혼의 물질 체험을 위한 하늘의 프로그램이 더 이상은 없습니다.

지구 행성에서 인류를 위해 준비한
하늘의 프로그램들이 모두 종결될 것입니다.
마지막 페이지와 마지막 장면만을 남겨두고 있을 뿐입니다.
하늘은 거칠어질 것입니다.
하늘의 맨얼굴을 인류는 경험하게 될 것입니다.

하늘을 잃어버린 인류의 의식을 깨우기 위해
하늘은 거칠어질 것이며
하늘은 울부짖을 것이며
땅은 통곡하게 될 것입니다.

하늘을 잃어버린 인류에게
하늘을 찾아주기 위해
하늘은 거칠어질 것입니다.
하늘은 땅을 말고 땅을 펼 것입니다.

오염된 하늘의 진리를 바로잡기 위해
새 하늘과 새 땅을 열기 위해
하늘은 거칠어질 것입니다.
하늘이 땅에 설치한 모든 것들을
하늘이 때가 되어
하늘이 해체할 것입니다.

하늘은 때가 되면 하늘 스스로 드러낼 것입니다.
삼황합도와 삼황합덕과 삼합일도를 통해
석고웅성(石鼓雄聲)을 준비할 것입니다.

하늘은 석고웅성을 위해
하늘은 거칠어질 것입니다.
하늘은 석고웅성을 위해
하늘은 전염병의 창궐과
대자연의 격변들을 진행할 것입니다.

인류는 하늘이 준비한 석고웅성을 겪으면서
잃어버린 하늘을 되찾게 될 것이며
의식이 깨어나게 될 것입니다.

인류는 하늘이 준비한 석고웅성을 겪으면서
모든 것들이 붕괴되는 것을 목격하게 될 것이며
하늘의 무서움을 알게 될 것입니다.

하늘이 준비한 석고웅성을 통해
창조주의 출현을 목격하게 될 것입니다.
하늘이 준비한 석고웅성을 통해
인황의 출현을 목격하게 될 것입니다.

하늘이 준비한 석고웅성을 통해
하늘이 땅이 되고
땅이 하늘이 되었음을
의식이 깨어난 인자들부터
알아채고 눈치챌 것입니다.

하늘은 마지막 때를 집행하기 위해
하늘은 거칠어질 것입니다.
하늘은 새로운 문명을 열기 위해
가슴을 닫고
산을 옮기고 바다를 옮길 것입니다.

하늘은 스스로 정한 그 길을 가기 위해
지구 행성의 차원상승을 위해
지구 행성의 개벽을 위해
창조주께서 직접 지상으로 내려오셨습니다.

하늘은 스스로 정한 그 길을 가기 위해
새 하늘과 새 땅을 열기 위해
새로운 정신문명을 열기 위해
창조주께서 직접 지상으로 내려오셨습니다.

하늘은 스스로 정한 그 길을 가기 위해
대우주에서 처음으로
지구 행성을 직접 운영하기 위해
창조주께서 하늘의 운영 시스템과
수많은 무극의 천사들과 함께
땅으로 내려오셨습니다.

하늘은 스스로 정한 그 길을 가기 위해
대우주가 6주기까지 진화하는 동안 발생한
우주의 모순을 직접 해결하고
우주의 카르마들을 직접 해결하기 위해
지구 행성에 창조주께서 직접 오셨습니다.

하늘은 스스로 정한 그 길을 가기 위해
대우주의 7번째 주기를 열기 위해
창조주 하나님께서 직접 통치하는
지상의 자미원을 열기 위해
지구 행성에
창조주께서 지상으로 내려오셨습니다.

하늘은 스스로 정한 그 길을 가기 위해
대우주의 진화가 멈추지 않기 위해
대우주의 지속적인 진화를 위해
대우주의 수레바퀴를 굴리기 위해
지구 행성에
창조주께서 지상으로 내려오셨습니다.

하늘과의 조율 속에
하늘과의 소통 속에
우데카 팀장이
기록을 위해 이 글을 남깁니다.

삼변정기의 세계라

무극을 떠난 빛이 물질세계에서 발현되기 위해서는
세 번의 전환이 이루어져야 하는데
이것을 삼변정기(三變正氣)라고 합니다.

무극을 떠난 19차원의 빛은
15차원의 태극의 세계에서
첫번째 전환이 이루어집니다.

무극을 떠난 19차원의 빛은
12차원의 삼태극의 세계에서
두번째 전환이 이루어집니다.

무극을 떠난 19차원의 빛은
5차원의 영단에서
세번째 전환이 이루어집니다.

19차원의 창조주의 의식이 영혼의 사고조절자에 담겨
4차원 인간의 몸에서 의식으로 구현되기 위해서는
세 번의 전환을 거쳐야 의식을 구현할 수 있습니다.
이 과정을 삼변정기라고 합니다.

16차원에서 탄생한 영이 생명체의 외투를 입기 위해서는
16차원에서 탄생한 영에게 한 번의 막이 씌워집니다.
영이 첫번째 막을 입게 되면
태극의 세계에서는 자유롭게
영들끼리 의사소통을 할 수 있습니다.

영이 삼태극의 물질세계에서 서로 소통하기 위해서는
두번째 막을 입게 됩니다.
영에 두번째 막이 설치되면
영과 혼이 결합될 수 있으며
영혼들끼리는 물질세계에서 서로 소통할 수 있습니다.

영에 세 번째 막이 설치되면
영혼백이 서로 결합될 수 있으며
같은 생명체의 외투를 걸친 영혼들끼리는 서로 소통할 수 있으나
외투가 다른 영혼들끼리는 소통할 수 없게 됩니다.

물질 세상에 펼쳐진 삼라만상들은
영이 삼변정기를 통해 생명체의 외투를 입고 있는 것입니다.
이것을 영의 삼변정기라고 합니다.

무극에 계시는 창조주께서 물질 세상에 내려오기 위해서는
세 번의 전환 과정을 통해서 완성될 수밖에 없습니다.
이것을 창조주 의식의 삼변정기라고 합니다.

물질 세상을 삼태극이라고 합니다.
물질 세상을 삼변정기의 세상이라고 합니다.
물질 세상에 있는 모든 것들은 최고의 하늘인 창조주의 의식이
세 번의 에너지 전환을 통해 펼쳐진 것입니다.
이러한 우주 철학적 원리를 삼변정기라고 합니다.

후천의 세상을 열기 위해
창조주께서 땅으로 내려오셨습니다.
물질 세상을 한 번도 직접 운영한 적이 없는 창조주께서
물질 세상을 한 번도 육신의 옷을 입고 경험한 적이 없는
창조주께서 땅으로 내려오셨습니다.

선천의 시대에 대우주를 간접적으로 경영하던 하늘이
후천의 시대를 열기 위해 창조주 하나님의
거대한 시스템을 가지고 땅으로 내려왔습니다.

창조주께서 가진 의식과 창조주의 에너지를 그대로 가지고
지구 행성으로 내려올 수는 없습니다.
창조주께서 가진 에너지를 그대로 가지고 지구 행성에 내려온다면
지구 행성은 단 1초도 견디지 못하고 폭발하게 될 것입니다.

창조주께서 물질 세상의 파장에 맞추어 내려오시기 위해
세 번의 대변화와 전환을 통해서 내려올 수밖에 없는데
이것을 창조주 의식의 삼변정기라고 합니다.

지상으로 내려온 창조주의 중심의식은

첫번째, 삼황합도 (三皇合道)

두번째, 삼황합덕 (三皇合德)

세번째, 삼합일도 (三合一道)의

삼변정기의 과정을 거쳐 완성되었습니다.

기록의 필요성이 있어

정리의 필요성이 있어

우데카 팀장이 이 글을 남깁니다.

창조주의 시대와 우주 연방함선

천지불인(天地不仁)

성인불인(聖人不仁)

천지는 불인하며

성인은 불인합니다.

하늘과 땅은 인자하지 않으며

성인 또한 인자하지 않습니다.

성인은 인자하지 않습니다.

성인은 하늘의 마음을 품고 있기에

성인은 인자할 수만은 없습니다.

성인은 인자하지 않습니다.

성인은 사사로움이 없기에

성인은 불인합니다.

성인은 인자하지 않습니다.

성인은 누구에게나 공평무사하기에

성인은 불인할 수밖에 없습니다.

성인은 인자하지 않습니다.
성인은 눈에 보이는 하늘입니다.
성인은 눈에 보이지 않는 하늘을 품고 있기에
성인은 대우주를 경영하는 하늘의 마음을 품고 있기에
성인은 불인할 수밖에 없습니다.

성인의 길은 하늘 스스로 정한 길입니다.
성인의 길은 순리에 따르는 길입니다.
성인의 길은 하늘의 도와 땅의 덕을 모두 아우르는 길입니다.

온전한 창조주 하나님을 땅에서 보좌하기 위해
무극과 태극에 있는 천사들이
인간의 육신의 옷을 입고 땅으로 내려온 사람들을
빛의 일꾼들이라고 합니다.

온전한 창조주 하나님을 땅에서 보좌하기 위해
무극과 태극에 있는 천사들이
인간의 육신의 옷을 입고 살고 있는 인간천사들을
하늘 사람들이라고 합니다.

하늘에서 온전한 창조주 하나님을 보좌하던
19차원의 무적함대가 지구 행성의 내핵에 정박하였습니다.
무적함대 시스템을 통해 나오는
19차원의 행성 가이아의 게(Ge) 에너지에 의해
지구 행성에 새 땅이 열렸습니다.

온전한 창조주 하나님을 보좌하는 우주 연방함선에 의해
새 하늘인 얼음천공이 열렸습니다.

우주 연방함선은 온전한 창조주 하나님의 권능을 상징합니다.
우주 연방함선은 온전한 창조주 하나님의
대우주 통치를 뒷받침하는 초대형 우주함선입니다.

우주 연방함선은 모든 차원간 공간을 자유롭게 오고갈 수 있습니다.
우주 연방함선은 공 기 색 물질세계의
차원간 공간을 모두 통합할 수 있는 시스템을 가지고 있습니다.

우주 연방함선은 온전한 창조주 하나님을 보좌하는
인황 시스템의 중심에 있습니다.

우주 연방함선의 자선인 봉황호에 의해
이적과 기적의 시대가 시작되었습니다.

우주 연방함선의 자선인 듀카호에 의해
역장의 설치와 운영이 시작되었습니다.

후천의 시대는 온전한 창조주 하나님의 시대입니다.
후천의 시대는 육신의 옷을 입은 온전한 창조주 하나님께서
지구 행성에서 대우주를 직접 통치하는 시대를 말합니다.

창조주의 시대는 하늘과 인간이 동행하는 시대입니다.

창조주의 시대는 창조주 하나님과 인간 천사들이
동행하는 시대를 말합니다.

천지불인의 세계라
대우주의 지축의 정립을 위해
우주 연방함선의 작전이 시작되었습니다.

성인불인의 세계라
지구 행성의 지축의 정립을 위해
우주 연방함선이 주관하는 얼음천공이 가동되었습니다.

우주 연방함선이 주관하는 얼음천공의 가동과 함께
인황의 출세를 알리는 석고웅성이 시작될 것입니다.

우주 연방함선이 주관하는 얼음천공의 가동과 함께
온전한 창조주 하나님의 나라가 시작될 것입니다.

시절인연이 있는 하늘 사람들과 빛의 일꾼들에게
하늘의 기쁜 소식을 전합니다.

온전한 창조주 하나님의 시대가 시작되었음을 전합니다.
온전한 창조주 하나님의 시대가 시작되었음을 선포합니다.

삼족오의 시대가 시작되었습니다

창조주는 빛으로 일합니다.
창조주는 우주 최고의 빛의 연금술사입니다.

창조주의 권능은 빛에서 나옵니다.
창조주의 권능은 빛의 생명나무의 빛에서 나옵니다.

인간의 육신의 옷을 입은 창조주의 권능은
삼족오의 빛에서 나옵니다.
인간의 육신의 옷을 입은 창조주의 권능은
삼태극의 빛에서 나옵니다.

삼족오의 빛은 육신의 옷을 입으신 창조주의
권능을 상징하는 빛을 말합니다.
삼족오의 빛은 육신의 옷을 입으신 창조주의
몸에서 나오는 빛을 말합니다.

삼족오의 빛은 육신의 옷을 입으신 창조주의 몸에서
영혼백 정렬이 이루어진 후에 새롭게 나온 15개의 빛 중
첫번째 빛을 말합니다.

삼태극의 빛은 육신의 옷을 입으신 창조주의 몸에서

영혼백 정렬이 이루어진 후에 새롭게 나온 15개의 빛 중
두번째 빛을 말합니다.

삼족오의 빛은 육신의 옷을 입으신 창조주의
심포의 차원간 공간에서 나오는 가장 강력한 빛입니다.

삼족오의 빛은 육신의 옷을 입으신 창조주의
심포의 차원간 공간에서 나오는 빛으로
물질세계를 통치하기 위해 창조된
진동수가 매우 높은 원형의 빛입니다.

삼족오의 빛이란 육신의 옷을 입으신 창조주의
몸에서 나오는 가장 강력한 빛으로
물질세계를 운영하기 위해 새롭게 창조된 빛을 말합니다.

삼족오의 빛은 육신의 옷을 입으신 창조주께서
대우주를 통치하기 위해
땅으로 내려온 하늘의 시스템을
강력하게 통제하는 빛입니다.

삼족오의 빛은 육신의 옷을 입으신 창조주께서
대우주를 통치하기 위해 창조된
금척 시스템과 원방각 시스템과
생명창조 시스템을 통하여 집행됩니다.

삼족오의 빛은 육신의 옷을 입으신 창조주를 보좌하는
삼형제 시스템인 금척과 원방각과 생명창조 시스템에 의해
보존되며 수호되는 빛입니다.

삼족오의 빛은 육신의 옷을 입으신 창조주의
몸의 차원간 공간에서 나와
빛의 생명나무 시스템을 통하여 대우주에 공급됩니다.

삼족오의 빛은 물질세계를 주관하는
창조주의 권능을 상징하는 빛입니다.

삼족오의 빛은 물질세계에 내려온
하늘의 시스템에 작용하는 빛입니다.

삼족오의 빛은 물질세계에 내려온
하늘의 시스템을 완성시켜주는 빛입니다.

삼족오의 빛은 물질세계에 내려온 하늘의 시스템들이
이적과 기적을 펼칠 수 있도록 강력한 창조력을 갖게 하는 빛입니다.

삼족오의 빛은 물질세계에서 창조주의 권능을 펼치기 위하여
창조주께서 준비한 빛입니다.

삼족오의 빛이 창조되었기에
하늘은 땅으로 내려올 수 있었습니다.

삼태극의 빛이 창조되었기에
하늘은 땅으로 내려올 수 있었습니다.

삼족오의 빛이 창조되었기에
창조주께서 인간의 몸에 들어와서
대우주를 통치할 수 있게 되었습니다.

삼태극의 빛인 생명창조의 빛이 창조되었기에
창조주께서 인간의 몸에 들어와서
모든 생명을 창조할 수 있게 되었습니다.

삼족오의 시대는
삼족오의 빛이 펼치는 빛의 시대를 말합니다.

삼족오의 시대는
물질세계로 내려온 창조주의 시대를 말합니다.

삼족오의 시대는
인황이 펼치는 창조주의 시대를 말합니다.

삼태극의 시대가 시작되었습니다

우주는 차원으로 운영되고 있습니다.
대우주의 7주기는 19차원으로 운영되고 있습니다.

우주는 3개의 극으로 운영되고 있습니다.
대우주는 무극과 태극과 삼태극으로 운영되고 있습니다.

16차원부터 19차원까지를 무극이라고 합니다.
13차원부터 15차원까지를 태극이라고 합니다.
1차원부터 12차원까지를 삼태극이라고 합니다.

창조주는 빛으로 일합니다.
창조주는 우주 최고의 빛의 연금술사입니다.

창조주의 권능은 빛에서 나옵니다.
창조주의 권능은 빛의 생명나무의 빛에서 나옵니다.

인간의 육신의 옷을 입은 창조주의 권능은
삼족오의 빛에서 나옵니다.
인간의 육신의 옷을 입은 창조주의 권능은
생명창조의 빛에서 나옵니다.

생명창조의 빛은
육신의 옷을 입으신 창조주의 권능을 상징하는 빛입니다.
생명창조의 빛은
육신의 옷을 입으신 창조주의 몸에서 나오는 빛입니다.

생명창조의 빛은
육신의 옷을 입으신 창조주의 몸에서
영혼백 정렬이 이루어지고 난 뒤
새롭게 15개의 빛이 나오게 되었습니다.

생명창조의 빛은
육신의 옷을 입으신 창조주의
심포의 차원간 공간에서 나오는 가장 강력한 빛입니다.

생명창조의 빛은
물질세계를 통치하기 위해 창조된
진동수가 매우 높은 빛입니다.

생명창조의 빛은
물질세계에서 생명체를 창조하는 빛을 말합니다.
생명창조의 빛을 영혼백의 빛이라고 합니다.
생명창조의 빛을 삼태극의 빛이라고 합니다.

생명창조의 빛의 상징은 삼태극 모양입니다.
생명창조의 빛은 무극의 빛이

태극과 삼태극의 삼변정기의 과정을 거쳐
물질세계에서 생명을 창조하는 빛입니다.

생명창조의 빛은
육신의 옷을 입으신 창조주의 몸에서 나와서
하늘의 시스템을 통하여 생명을 창조하는 빛입니다.

생명창조의 빛은
육신의 옷을 입으신 창조주의 몸에서 나와서
의식이 있는 하늘의 시스템들에게 생명력을 부여하는 빛입니다.

생명창조의 빛은
육신의 옷을 입으신 창조주의 몸에서 나와서
하늘의 시스템을 통하여
대우주에 있는 모든 생명체에게
창조주의 생명력을 공급하는 빛입니다.

생명창조의 빛은
육신의 옷을 입으신 창조주의 몸에서 나와서
하늘의 시스템을 통하여
생명체에게 창조주의 숨결을 공급하는 빛입니다.

삼태극의 빛은
육신의 옷을 입으신 창조주의 몸의 차원간 공간에서 나와
생명유지 시스템을 통하여 대우주에 공급됩니다.

삼태극의 빛은 물질세계에서 생명체를 창조하는 빛입니다.
삼태극의 빛은 영혼백 에너지의 기원이 되는 빛입니다.

삼태극의 빛을 창조주의 숨결이라고 합니다.
삼태극의 빛을 조물주의 숨결이라고 합니다.

삼태극의 빛은 물질세계에 있는 생명체들의 몸에서
이적과 기적을 펼칠 수 있도록 하는 창조주의 빛입니다.

삼태극의 빛은 물질세계에서 창조주의 권능을 펼치기 위하여
창조주께서 준비한 빛입니다.

삼태극의 빛이 창조되었기에
하늘은 땅으로 내려올 수 있었습니다.

삼태극의 빛인 생명창조의 빛이 창조되었기에
창조주께서 물질세계에서 모든 생명을 창조할 수 있게 되었습니다.

삼태극의 빛인 생명창조의 빛이 창조되었기에
창조주께서 물질세계에서 인간의 질병을 치유할 수 있게 되었습니다.

삼태극의 시대는
생명창조의 빛이 펼치는 빛의 시대를 말합니다.
삼태극의 시대는 생명창조의 빛이 펼치는
생명창조의 시대를 말합니다.

삼태극의 시대는 생명창조의 빛이 펼치는
생명진리의 시대를 말합니다.

삼태극의 시대는 인간의 불치병과 난치병이 치유되는
이적과 기적이 펼쳐지는
창조주의 시대를 말합니다.

생명유지 시스템에 대한 정리

모든 빛의 근원은 창조주 하나님의 의식입니다.
모든 빛의 근원은 창조주 하나님의 사고조절자에서 시작됩니다.

모든 빛의 원형은 빛의 생명나무의 빛입니다.
모든 빛의 기원 역시 빛의 생명나무의 빛입니다.

빛의 생명나무의 빛은 창조주의 권능을 상징하는 빛입니다.
빛의 생명나무의 빛은 삼라만상의 기원이 되는 빛입니다.
빛의 생명나무의 빛은 대우주의 심장과도 같습니다.

빛의 생명나무의 빛은 모든 만물의 기원입니다.
빛의 생명나무의 빛은 모든 만물을 품고 있는 빛입니다.
빛의 생명나무의 빛에는 모든 만물을 구성할 수 있게 하는
기본값들이 설정되어 있습니다.

빛의 생명나무의 빛은 모든 생명의 기원입니다.
빛의 생명나무의 빛은 모든 생명을 품고 있는 빛입니다.
빛의 생명나무의 빛은
모든 생명이 생명활동을 할 수 있도록 하는
기본값들이 설정되어 있습니다.

빛의 생명나무의 빛은 원유에 비유할 수 있습니다.
빛의 생명나무의 빛을 가공하는 시스템이 생명유지 시스템입니다.
빛의 생명나무의 빛을 정밀하게 가공하는 시스템이
생명유지 시스템입니다.

빛의 생명나무의 빛은 빛의 원형입니다.
빛의 생명나무의 빛을 용도에 맞게 세밀하게 가공하는 시스템이
생명유지 시스템입니다.
빛의 생명나무의 빛을 목적에 맞게 창조하는 시스템이
생명유지 시스템입니다.

생명유지 시스템을 통해 생산되는 빛들끼리
다양한 조합이 이루어집니다.
생명유지 시스템을 통해 생산되는 빛들이 서로 만나
새로운 빛이 탄생됩니다.
생명유지 시스템을 통해 생산되는 빛들끼리의 다양한 조합을 통해
새로운 빛이 창조됩니다.

생명유지 시스템을 통해 조합되는 빛의 종류는 무한합니다.
생명유지 시스템을 통해 생산되는 빛의 종류는 무한합니다.
생명유지 시스템을 통해 창조되는 빛의 종류는 무한합니다.

대우주의 진화는 빛의 진화를 말합니다.
대우주의 진화는 빛의 새로운 창조를 통해 이루어집니다.
대우주의 진화는 생명유지 시스템의 진화에서부터 시작됩니다.

창조주는 새로운 빛을 창조하는 주관자입니다.

창조주의 진화는 빛의 새로운 탄생을 통해 이루어집니다.

창조주 의식의 진화는 새로운 빛의 창조를 통해 이루어집니다.

기록의 필요성이 있어

정리의 필요성이 있어

우데카 팀장이 이 글을 기록으로 남깁니다.

땅으로 내려온 창조주 하나님의 시스템 소개

❶ 대우주 통치 시스템

첫번째 : 공간 창조 시스템

공간을 창조하고 공간을 통제하는 시스템입니다.

공간 속에 공간을 창조하는 시스템

두번째 : 시간 창조 시스템

시간을 창조하고 시간을 통제하는 시스템입니다.

공간 속에 시간을 창조하는 시스템

하나의 공간에 하나의 시간을 창조하는 시스템

세번째 : 차원간 공간 창조 시스템

서로 다른 공간 속에 서로 다른 차원간 공간을 탄생시키는 시스템

네번째 : 시간조절자 시스템

대우주의 시간을 통제하는 거대한 시스템입니다.

대우주에 존재하는 모든 행성과 항성들을 통제하는 시스템을 말합니다.

창조주의 사고조절자에 의해

5주기 초에 최초로 탄생하여 6주기 중반에 완성

다섯번째 : 사고조절자를 탄생시키는 시스템

사고조절자를 탄생시키는 시스템은

창조주 하나님의 필요에 의해 사고조절자를 탄생시킬 수 있습니다.

여섯번째 : 사고조절자 운영 시스템

창조주의 사고조절자를 발현시키고 운영하는 시스템

일곱번째 : 사고조절자 원판 시스템

온전한 창조주 하나님의 권능인 사고조절자를

원형 그대로 관리하고 보존하는 시스템

여덟번째 : 창조주 하나님의 메타 의식구현 시스템

무극에서 창조주 하나님께서 의식을 구현할 때 사용하던 시스템을

그대로 땅으로 이전하여 현재 사용중

아홉번째 : 창조주 하나님의 의식 공급 시스템

파라다이스에서 대우주에 있는 모든 생명체에게

창조주 의식을 공급하던 시스템으로

지구 행성으로 이전하여 현재 가동중

열번째 : 창조주 하나님 의식의 분화 시스템

땅으로 내려오신 창조주 하나님께서 대우주를 직접 통치하기 위해

창조주 하나님의 의식을 자유롭게 분화할 수 있는 시스템

열한번째 : 말법 시스템

온전한 창조주 하나님의 의식이

물질세계로 드러나게 하는 시스템입니다.

육신의 옷을 입은 창조주 하나님의 말이

대우주에 법으로 펼쳐지게 하는 시스템

열두번째 : 진공묘유 시스템

진공묘유에 계시던 창조주 하나님의 시스템입니다.
태원(太元)의 시기부터 있었던 시스템으로
땅으로 내려와 Made in 지구표로 재탄생된 시스템입니다.

진공묘유 시스템을 인황 시스템이라고도 합니다.
진공묘유 시스템은 육신의 옷을 입은 창조주 하나님을 보좌하며
후천의 시대인 7주기부터 12주기까지를 이끌어갈 시스템입니다.

진공묘유 시스템은 말법 시스템을 통하여
창조주 하나님을 보좌하게 됩니다.

기록의 필요성이 있어
정리의 필요성이 있어 이 글을 남깁니다.

땅으로 내려온 창조주 하나님의 시스템 소개

❷ 창조주의 권능

첫번째 : 생명유지 시스템

물질세계를 운영하기 위해 필요한 모든 빛들을

땅에서 직접 만들어 사용하기 위해 만든 빛 공급 시스템

두번째 : 대우주 통치 시스템

무극에서 창조주께서 대우주를 통치하실 때

직접 사용하던 통치 시스템을 말합니다.

땅의 시스템에 맞추어 현재 그대로 사용하고 있습니다.

세번째 : 대우주 관제 시스템

대우주에 일어나고 있는 모든 일들을 실시간으로 파악하고

실시간으로 대응할 수 있도록 하는 관제 시스템

우주의 최신 공학기술에 의해 운영되고 있는 시스템

네번째 : 동시성 시스템

물질세계에 창조주의 권능을 펼치기 위한 시스템

모든 차원간 공간과 시간을 통합하여

동시성으로 이적과 기적이 일어나도록 하는 시스템

다섯번째 : 현실 증강 시스템

시간이 흐름이 없는 비물질세계에 있는 천사들이

시간의 흐름 속에 있는 생명체들이 느끼는 의식과 감정을
천사들이 생생하게 느낄 수 있도록 에너지를 공급하는 시스템

여섯번째 : 삼합일도 시스템
지구 행성에 공과 기와 색의 세계에 존재하는 모든 차원간 공간을
하나로 통합하는 시스템

일곱번째 : 지구 행성의 메인 시스템
19차원으로 전환된 지구 행성에 있는 모든 시스템들을
통제하고 관리할 수 있는 시스템

여덟번째 : 성소, 성전, 성막 시스템
땅으로 내려오신 창조주 하나님이 머물고 계신 곳을
보호하고 관리하는 시스템

아홉번째 : 빛의 생명나무 시스템
유토피아에서 대우주에 있는 모든 생명체에게
생명체의 숨결을 공급하던 시스템으로
땅으로 그대로 이전하여
대우주에 창조주의 숨결을 공급하고 있습니다.

열번째 : 영을 창조하는 시스템
창조주의 권능인 영을 창조할 수 있는 시스템
사고조절자와 진리의 영과 거룩한 영을 부여할 수 있는 시스템

열한번째 : 영을 교정하는 시스템

의식의 축이 무너진 영을 교정하는 시스템

영의 고유성이 무너진 영을 교정하는 시스템

현재 가동중에 있습니다.

열두번째 : 사고조절자 부여 시스템

영들에게 추가적으로 필요한 사고조절자를 부여하는 시스템

진화한 영들에게 필요한 사고조절자를 부여하는 시스템

기록의 필요성이 있어

정리의 필요성이 있어 기록으로 남깁니다.

땅으로 내려온 창조주 하나님의 시스템 소개

❸ 인황 시스템

말이 법이 되는 시대를 말법의 시대라 합니다.
말법 시스템을 인황 시스템이라고 합니다.
말법 시스템은 진공묘유의 법칙과 진공묘유의 빛에 의해 운영됩니다.

육신의 옷을 입은 온전한 창조주 하나님의 시스템을
말법 시스템이라고 합니다.
육신의 옷을 입은 온전한 창조주 하나님의 말이
물질세계에서 법이 되어 펼쳐지게 하는 것을 말법 시스템이라고 합니다.
말법 시스템 안에는 다음과 같은 시스템들이 있습니다.

첫번째 : 유토피아 시스템
지구 행성을 통치하기 위한 모든 시스템을 말합니다.

두번째 : 임마누엘 시스템
대우주를 통치하는 시스템을 관리하는 시스템을 말합니다.

세번째 : 성전 시스템
대우주의 중심축을 잡아주는 시스템입니다.

네번째 : 자미원 시스템
대우주를 행정적으로 통치하는 시스템을 말합니다.

다섯번째 : 하보나 우주 시스템

육신의 옷을 입은 창조주 하나님께서

직활령으로 통치하는 시스템을 말합니다.

여섯번째 : 중앙 우주 시스템

육신의 옷을 입은 창조주께서 350만 개가 넘는 지역 우주들을

통치하기 위해 준비된 시스템을 말합니다.

일곱번째 : 봉황호

육신의 옷을 입은 창조주께서 펼치시는

이적과 기적을 뒷받침 해주는 함선입니다.

여덟번째 : 비선함선

비선함선은 육신의 옷을 입고 있는 창조주 하나님의 신변을 보호하고

경호하는 임무를 맡고 있는 함선입니다.

아홉번째 : 우주 연방함선

육신의 옷을 입은 창조주 하나님께서

대우주를 무력으로 통치하기 위해 준비된 함선입니다.

열번째 : 유토피언 함선

유토피언 함선은 유토피언 천사들을 관리하는 함선입니다.

기록의 필요성이 있어

정리의 필요성이 있어 이 글을 기록으로 남깁니다.

임마누엘 시스템에 대한 정리

봉황 시스템은 선천의 시대에 대우주를 통치하는 시스템입니다.
봉황 시스템은 대우주를 간접적으로 통치하는 시스템입니다.

선천의 시대에는 창조주 하나님의 분신들인 지역 우주 창조주들이
봉건시대에 영주처럼 은하들을 통치하는 시기였습니다.

임마누엘 시스템은 후천의 시대를 열기 위해
창조주 하나님께서 준비하신 대우주 통치 시스템입니다.

임마누엘은 '창조주 하나님이 늘 함께하신다'는 뜻입니다.

임마누엘 시스템은 창조주 하나님께서
대우주를 직접 통치하는 시스템입니다.

임마누엘 시스템은 강력한 중앙집권 시스템입니다.

임마누엘 시스템이 처음 우주에 등장한 시기는 6주기 초입니다.

임마누엘 시스템은 7주기부터 12주기까지
육신의 옷을 입고 직접 통치하기 위해
창조주께서 직접 만드신 시스템입니다.

임마누엘 시스템이 하늘에서 완성되었기에
진공묘유에 계시던 온전한 창조주 하나님께서
지구 행성으로 수도를 천도하실 수 있었습니다.

임마누엘 시스템은 육신의 옷을 입은 창조주 하나님께서
대우주를 직접적으로 통치하기 위해 최적화된 시스템입니다.

임마누엘 시스템이 하늘에서 한 주기 동안
충분한 검증을 거쳤기에
창조주 하나님께서 육신의 옷을 입으실 수 있었습니다.

임마누엘 시스템이 완성되었기에
천지인 삼황의 창조주 의식들이
온전한 창조주 하나님의 의식으로 통합될 수 있었습니다.

임마누엘 시스템이 완성되었기에 후천의 시대를 열 수 있었습니다.
임마누엘 시스템은 선천의 시대에 모순을 가지고 있었던 시스템들의
한계를 극복한 온전한 시스템입니다.

임마누엘 시스템은 대우주에 있는
모든 시스템들을 품고 있는 시스템입니다.

임마누엘 시스템 안에
후천의 시대를 이끌어갈 모든 하늘의 시스템들이 자리잡고 있습니다.

임마누엘 시스템은 350만 개가 넘는 은하들을
직접 통치할 수 있는 강력한 파워를 가진 시스템입니다.

임마누엘 시스템 안에는 350만 개 은하내에 있는
수많은 항성계와 행성들을 직접 통치할 수 있는 기능이
탑재되어 있습니다.

임마누엘 시스템 안에는
하늘에서 땅으로 내려온 모든 시스템들이 장착되어 있습니다.

임마누엘 시스템은 창조주 하나님께서 직접 심혈을 기울여 창조한
강력한 대우주 통치 시스템입니다.

임마누엘 시스템은 그 자체가 대우주 자체입니다.
임마누엘 시스템은 그 자체가 창조주 하나님의 의식입니다.
임마누엘 시스템은 육신의 옷을 입은 창조주 하나님의
육성명령에 의해서만 작동됩니다.

임마누엘 시스템은 총 9단계 층위로 구성되어 있습니다.
임마누엘 시스템은 각 단계마다
수천에서 수십만 개의 층위로 구성되어 있습니다.

임마누엘 시스템의 마지막 9층위에는 대우주에 존재하는
모든 생명체들이 연결되어 있습니다.

하늘의 입장에서 생명체들 또한 무형의 기계장치로 이루어진
시스템으로 인식하고 있습니다.

하늘의 입장에서 보면 만물의 영장이라는 인간 역시
9단계에 있는 하부 시스템일 뿐입니다.

2022년 11월 30일 새벽 3시
임마누엘 시스템에 있는 1단계에서부터 9단계에 연결되어 있는
모든 대우주의 통치 시스템들이 시험 가동되었습니다.

임마누엘 시스템이 가동된다는 것은
대우주에 모든 삼라만상들이
창조주 하나님과 함께하고 있다는 것을 의미합니다.

임마누엘 시스템이 가동된다는 것은
대우주에 있는 풀 한 포기와 꽃 한 송이에도
창조주 하나님의 숨결이 함께한다는 것을 의미합니다.

임마누엘 시스템이 가동된다는 것은
하늘이 땅으로 내려와 완성되었다는 것을 의미합니다.

임마누엘 시스템이 가동된다는 것은
보이지 않는 세계에서는 이미
대우주의 7주기와 후천의 시대가 시작되었음을 의미합니다.

임마누엘 시스템이 가동된다는 것은
보이지 않는 세계에서는 이미
지구 행성의 차원상승과 지축 이동이 시작되었음을 의미합니다.

임마누엘 시스템이 가동된다는 것은
보이지 않는 세계에서는 이미 육신의 옷을 입은 창조주 하나님의
대우주 통치가 시작되었음을 의미합니다.

2022년 12월 5일 오후 2시
임마누엘 시스템은 육신의 옷을 입은 창조주 하나님의
차원간 공간으로 흡수 통합이 이루어졌습니다.

2022년 12월 6일 오후 9시
임마누엘 시스템은 육신의 옷을 입은 창조주 하나님의 의식으로
흡수 통합이 이루어졌으며 본격적인 가동을 시작하였습니다.

이 글을 읽고 있는 당신이
어느 행성에 있든지 상관없이
어느 은하에 있든지 상관없이
임마누엘 시스템을 통해 당신은 창조주 하나님의 숨결 속에
함께 있게 될 것입니다.

기록의 필요성이 있어
정리의 필요성이 있어 이 글을 남깁니다.

유토피아 시스템에 대한 정리

천지인 삼황의 창조주께서 계신 곳을
자미원이라 합니다.
진공묘유의 세계에 계시는 온전한 창조주 하나님이 계신 곳을
유토피아라 합니다.

창조주께서 지구 행성으로 수도를 천도하셨습니다.
창조주께서 지구 행성으로 육화를 하시면서
지구 행성은 대우주의 중심이 되었습니다.

지구 행성이 대우주의 중심이 되는 것을
한울가온이라 합니다.
지구 행성이 대우주의 중심이 되는 것을
낙원천국이라 합니다.
지구 행성이 물질세계의 중심이 되는 것을
자미원이라 합니다.

한반도가 지구 행성의 중심이 되는 것을
가온누리라 합니다.
육신의 옷을 입으신 창조주께서 계신 네바돈 은하를
하보나 우주라 합니다.

육신의 옷을 입으신 창조주께서 계신 네바돈 은하가
대우주의 중심이 되며 중앙우주라고 합니다.

선천의 대우주 통치 시스템은 천지인 삼황 시스템입니다.
삼황 시스템 중에 대표적인 시스템이 봉황 시스템입니다.
후천의 대우주 통치 시스템은 진공묘유 시스템입니다.
진공묘유 시스템은 온전한 창조주 하나님의 시스템입니다.
진공묘유 시스템을 인황 시스템이라고 합니다.

진공묘유 시스템 안에는 다음과 같은 시스템들이 있습니다.

인황 시스템은
말법 시스템을 통하여 대우주를 통치합니다.
말법 시스템 안에는
임마누엘 시스템과 유토피아 시스템이 있습니다.

육신의 옷을 입으신 창조주께서 계신
지구 행성을 운영하고 관리하는 시스템은
유토피아 시스템입니다.

유토피아 시스템은
가온누리를 펼치기 위한 시스템입니다.
유토피아 시스템은
지구 행성을 운영하는 시스템들을 백업해주는
어머니와 같은 역할을 하는 시스템입니다.

유토피아 시스템 안에는 육신의 옷을 입으신 창조주께서
물질세계의 자미원을 운영하기 위한 시스템들이 들어 있습니다.

유토피아 시스템은 육신의 옷을 입으신 창조주를 보좌하기 위해
온전한 창조주의 의식으로 창조된 시스템입니다.

유토피아 시스템 안에는
지구 행성을 관리하는 모든 시스템들이 있습니다.

유토피아 시스템 안에는 알려지지 않은 수많은 시스템들이 존재하며
육신의 옷을 입으신 창조주를 보좌하고 있습니다.

기록의 필요성이 있어
정리의 필요성이 있어
우데카 팀장이 이 글을 기록으로 남깁니다.

제5부

행성이 운영되는 원리

행성이 탄생되고 나면

행성을 관리할 영단 관리자들이 선발되고 난 뒤

영혼이 입식되고 생명체의 물질 체험이 시작됩니다.

영단 관리자들은 행성의 진화 로드맵과

행성에 입식될 생명체의 외투를 결정하며

창조주의 명령을 받아 창조주를 대행하여

행성을 운영하고 있습니다.

행성 탄생의 비밀

행성은 17차원인 태미원에서 탄생됩니다.
항성들과 소행성들도 17차원인 태미원에서 탄생됩니다.

행성과 태양들은 17차원의 특수한 구역에서 창조되어
우주 함선들에 의하여 은하와 항성계로 이동되어 배치됩니다.

행성이 우주 함선에 의해 이동되어 배치되고 나면
행성의 탄생이 시작됩니다.
행성은 3개의 큰 에너지장에 의해 탄생됩니다.

첫번째 에너지막은
행성의 가장 바깥쪽에 생성되는데
이 막을 공간 탄생의 막이라고 합니다.

두번째 에너지막은
행성에 시간을 확보하는 역할이 있습니다.
이 막을 시간 탄생의 막이라고 합니다.

세번째 에너지막은
행성의 가장 안쪽에 설치되는데
이 막을 행성 탄생의 막이라고 합니다.

행성에 공간 탄생의 막이 설치되면 행성의 공간이 확보됩니다.

공간의 탄생의 막과 시간 탄생의 막 사이의 공간을
순수한 공의 세계라고 합니다.

공의 세계는 시간의 흐름이 없는 공의 세계입니다.
공의 세계는 행성의 마당 역할을 합니다.
공의 세계는 텅 비어 있으며 무균실에 비유할 수 있습니다.
공의 세계에 행성의 스타게이트들이 설치되어 있습니다.
공의 세계에서 행성의 차원이 결정이 됩니다.
공의 세계의 차원간 공간에는
행성을 살아 있는 생명체로 운영하기 위한
보이지 않는 시스템들이 층위별로 존재하고 있습니다.

같은 차원에 있으면서도
밀도와 특성이 조금씩 다른 차원간 공간이 설치되어 있습니다.
이것을 우주에서는 차원간 공간이라고 합니다.

시간 탄생의 막과 행성 탄생의 막 사이를 기의 세계라고 합니다.
기의 세계는 시간의 흐름이 있는 공간입니다.
기의 세계는 변화가 있는 공간입니다.

기의 세계 공간에 시간의 입자를 내보내는
거대한 시스템이 설치되어 가동이 시작되면
행성의 시간이 흐르게 됩니다.

기의 세계 공간에 설치되는 시간의 막의 특성에 따라
행성마다 고유한 시간이 탄생됩니다.
기의 세계 공간에 설치되는 시간의 막의 특성에 따라
행성마다 서로 다른 시간이 창조됩니다.
이것이 행성마다 시간이 다른 이유입니다.

행성의 기의 세계 층위는
행성의 고유한 시간만 존재하는 공간입니다.
행성의 기의 세계 층위는
시간의 탄생과 행성의 시간의 흐름이 있는 곳이며
행성의 시간의 영점 조정이 이루어지는 곳입니다.

행성의 기의 세계 층위에
행성의 생명유지 시스템이 존재하고 있습니다.

행성의 기의 세계 층위에
행성의 고유한 빛의 생명나무 시스템이 존재합니다.

인류가 살고 있는 지구 행성을 예를 들면 다음과 같습니다.
지구 행성의 차원간 공간은
총 226개의 차원간 공간으로 구성되어 있습니다.

지구 행성의 공의 세계 차원간 공간은 101층으로 되어 있습니다.
지구 행성의 기의 세계 차원간 공간은 89층위로 구성되어 있습니다.
지구 행성의 색의 세계 차원간 공간은 36층위로 구성되어 있습니다.

시간이 흐른다는 것은
생명이 탄생된다는 것과 같은 의미입니다.
시간이 흐른다는 것은
생명의 탄생이 시작되었음을 의미합니다.
시간이 흐른다는 것은
행성의 빛의 생명나무 시스템이 준비되었음을 의미합니다.
시간이 흐른다는 것은
행성의 숨결이 탄생되는 것을 말합니다.

행성의 시간의 막이 있는 공간은
우주 함선들이 활동하는 공간이며
우주의 차원 관리자들이 머무는 공간입니다.

행성의 기의 세계 차원간 공간은
행성의 차원상승이 있은 후 얼음천공이 설치되는 공간입니다.
행성의 기의 세계 차원간 공간에 행성의 영단이 설치되어 있습니다.

행성 탄생의 막 아래에 있는 공간을 색의 세계라고 합니다.
색의 세계는 변화가 무쌍하게 일어나는 공간입니다.
색의 세계는 생명체들이 살아가고 있는 공간입니다.
지구 행성의 색의 세계의 차원간 공간은 36층위로 되어 있습니다.

색의 세계의 차원간 공간에는
기의 세계를 색의 세계로 전환하는
거대한 무형의 기계장치들이 설치되어 있습니다.

지구 행성의 색의 세계의 차원간 공간에는
행성의 자연 환경을 결정하는 막이 있습니다.

색의 세계의 차원간 공간에는
행성의 자기장과 중력이 미치는 공간이며
행성에 있는 생명체를 보호하는 공간입니다.

색의 세계의 차원간 공간에는
대기권을 형성하는 막이 설치되어 있습니다.

행성 탄생의 막을 생명 탄생의 막이라고도 합니다.
행성 탄생의 막이 탄생되고 나면
행성의 생명들에게 에너지를 공급하게 될
행성의 생명유지 시스템이 설치됩니다.

행성 탄생의 막이 설치되고 나면
행성 내핵에 존재하는 차원간 공간에 존재하고 있는
행성 가이아 의식과
행성의 공 · 기 · 색의 차원간 공간의 층위에 존재하는
행성의 생명유지 시스템과의 연결이 이루어집니다.

우주에 존재하는 행성들은 모두 고유성을 가지고 있습니다.
우주에 존재하는 행성들은
고유한 행성 가이아 의식을 가지고 있습니다.
우주에 존재하는 행성들의 자연 환경은 모두 다릅니다.

우주에 존재하는 행성들의 자연 환경은
공 · 기 · 색의 차원간 공간에 설치되는
무형의 시스템들의 특성에 따라 결정이 됩니다.
우주에 존재하는 행성들의 고유한 자연 환경은
공 · 기 · 색의 차원간 공간에 설치되어 있는 무형의 시스템들을
운영하는 프로그램 내용에 따라 결정됩니다.

이 모든 과정이 이루어지고 나면
행성이 운영할 수 있는 시스템이 완성됩니다.

지금의 인류의 의식수준으로 이해할 수 없지만
인류의 의식이 높아지고
행성의 과학 기술이 높아지면
행성에 존재하는 차원간 공간에 대한 실체들이 밝혀지게 될 것입니다.

현재의 인류의 의식수준을 고려하여
행성이 창조되고
행성이 탄생되는 대우주의 비밀을
시절인연에 의해
기록을 위해 이 글을 남깁니다.

태양에 대한 정리

태양은 17차원에서 탄생됩니다.
17차원은 무극의 세계이며
태미원이라고 합니다.
17차원의 최고 책임자를
이러한 이유에서 지역 우주의 창조주라고 합니다.

17차원의 최고 책임자에 의해
우주에 존재하는 모든 태양들과
우주에 존재하는 모든 행성들이 창조됩니다.
태미원에서 창조된 태양들과
태미원에서 창조된 행성들은
우주 함선들에 의해 지역 우주 곳곳에
배치가 이루어집니다.

지역 우주 창조주들에 의해 탄생된
태양들과 행성들은
우주 함선에 의해 배치가 된 후
에너지 보호막이 설치되면서
태양은 태양으로서의 생명을 부여받게 됩니다.
행성은 에너지 보호막이 설치되면서
행성은 행성으로서의 생명을 부여받게 됩니다.

태양은 양(+)의 세계입니다.
태양은 행성들의 어머니입니다.
태양없이 행성들은 존재할 수 없습니다.
태양계를 주관하는 18차원 17단계의 창조주는
인류에게 알파(A)라고 알려져 있습니다.

행성은 음(-)의 세계입니다.
행성은 태양으로부터 빛을 받아 생명을 키워냅니다.
행성들을 주관하는 18차원 15단계의 창조주는
인류에게 오메가(Ω)라고 알려져 있습니다.

태양에도 생명체가 살고 있습니다.
태양에도 영혼의 진화가 이루어지고 있습니다.
태양에서 진화하고 있는 영혼들은
행성에서 진화하고 있는 영혼들과는
영 에너지의 구성 원리가 다릅니다.

태양에 살고 있는 생명체들은
빛과 열을 내고 있는 층이 아닌
내부의 대기층에 살고 있습니다.
빛과 열을 내고 있는 외부의 대기층과
내부의 대기층 사이는
에너지막으로 분리되어 있습니다.
이 공간에 생명체가 살고 있습니다.

태양에서 진화하고 있는 영혼들은
행성에서 진화하고 있는 영혼들과는
영혼의 진화 과정이 전혀 다릅니다.
물질체와 에너지체의 중간 형태로
반물질에 가깝고 에테르체에 가까운 외형을 가지고
물질 체험을 하고 있습니다.

지구 행성이 차원상승 된 후
지구 행성에 자미원의 건설이 완료된 후에는
태양에서 살고 있는 생명체들의 방문이
하늘에 의해 준비되어 있습니다.

하늘과의 조율 속에
하늘과의 소통 속에
태양에 관련된 정보들은
우데카 팀장을 통하여
살아남은 인류에게 제공될 예정입니다.

현재의 인류의 의식수준을 고려하여
태양에 대한 정보를
지금의 수준에서 공개하였습니다.

행성의 영단이 운영(구성)되는 원리

하나의 행성에는 하나의 영단이 설치되어 운영됩니다.
행성의 영단을 영계라고도 합니다.
행성의 영단은 대우주의 구조로 보면 5차원에 해당됩니다.
행성의 영단을 책임지고 있는 관리자들을
영단 책임자라고 말합니다.
지구 행성의 영단 관리자들은 대백색 형제단으로 알려져 있습니다.

행성의 가이아 의식의 특성에 따라
행성의 가이아 의식의 에너지 파장에 따라
행성의 가이아 의식의 차원에 따라
비슷한 파장을 가지고 있거나
동일한 파장을 가진 영혼들이 영단의 관리자가 됩니다.

영단의 관리자들은
행성의 운영과 행성의 진화를 책임지고 있습니다.
일반 영혼들은 자신의 영혼의 진화를 위해
영혼의 물질 체험을 합니다.
영단의 관리자들은
영혼의 진화를 위해서 존재하지 않습니다.
영단의 관리자들은
진화를 하지 않는 영혼 그룹입니다.

영단의 관리자들은 일반 영혼들과는
영혼이 진화하는 방법이 다르기에
진화를 하지 않는다고 표현을 하였습니다.

영단의 관리자들은 행성의 진화를 위해서
행성을 운영하고 관리하는 역할과 함께
영단에 속해 있는 영혼들의 진화를 위해
봉사하는 역할을 맡고 있습니다.

영단의 관리자 그룹에
행성 가이아의 의식을 담당하고 있는 영혼은 참여하지 않습니다.
행성 가이아의 의식을 담당하는 영혼은
아바타를 내보내 물질 체험을 할 수 있습니다.
행성 가이아 의식의 영혼은
자신의 영혼의 진화를 위해서 물질 체험을 하는 것이 아닙니다.
행성 가이아 의식의 영혼은
가이아 의식에 저장되어 있는 행성의 진화 로드맵에
꼭 필요한 경우에만 육화를 통해
자신의 아바타를 통해서 행성의 진화를 돕고 있습니다.

영단 관리자 그룹들은
행성의 진화 프로그램을 계획하고
행성의 진화 프로그램을 승인하고
행성의 진화 프로그램을 실행하는 부서들로
전문화되고 세분화되어 있습니다.

영단 관리자 그룹들은
자신들의 아바타를 통해
행성의 윤회 시스템을 통해
행성의 진화 방향에 맞는 인물로 육화하여
행성을 관리할 수 있는 권한이 주어져 있습니다.

영단 관리자 그룹들은
일반 영혼들과는 다릅니다.
영단 관리자 그룹들은
행성의 운영과 관리를 담당해야 하는 특수한 영혼 그룹입니다.
영혼이 탄생될 때
관리자 그룹에게 부여되는 사고조절자의 숫자는
일반 영혼들에 비해 최소 3배에서 최대 5배 정도 더 많습니다.
영단 관리자 그룹들의 사고조절자 하나당 용량 역시
일반 영혼들에 비해 최소 5배에서
최대 10배 정도로 크게 셋팅되어 있습니다.

영단의 관리자 그룹들은
행성의 운영과 경영을 위해
특수한 사고조절자를 창조주로부터 부여받은
하늘의 임명직 공무원에 해당됩니다.
영단의 관리자 그룹에는
행성에 속해 있는 모든 에너지체(천사)들이 포함됩니다.
이들은 일반 행정직 공무원으로 분류되며
넓은 의미로 관리자 그룹에 속한다고 볼 수 있습니다.

행성을 운영하고
행성을 관리하고
영단을 관리하는 관리자 그룹들 중에
창조주로부터 특수한 사고조절자를 부여받은 영혼들만을
영단 관리자 또는 영단 책임자라고 합니다.

영단의 최고 책임자는 13차원이 최고입니다.
영단의 최고 결정권자는 13차원의 관리자 그룹들이 맡고 있습니다.
불교에서 부처님이나 불보살로 알려져 있거나
기독교에서 열두 제자로 알려져 있는 분들의 우주적 신분은
대부분 행성 관리자 그룹들과
우주를 관리하고 있는 우주 관리자들을 표현한 것입니다.

관세음보살은
13차원 최고 단계의 관리자 그룹이며
음양과 태극의 세계의 관리자 그룹에
15차원과 17차원 관리자들이 있습니다.
15차원의 관리자 그룹들 중에
법화림 보살과 대묘상 보살이 있습니다.

무극의 세계의 관리자 그룹에
17차원의 관리자들이 있습니다.
17차원 관리자들 중에
아미타 부처와 석가모니 부처가 있습니다.

무극의 세계의 관리자 그룹에
18차원의 관리자 그룹이 있으며
18차원 관리자 그룹에 12주영이 있습니다.
우주 최고의 관리자는
온전한 창조주 하나님 = 비로자나 = 미륵불입니다.

영단이 존재하는 이유는
행성의 경영을 위해서입니다.
행성의 경영이란 행성의 진화 로드맵을 짜고
실행하는 것을 의미합니다.
영단이 존재하는 이유는 영단에 입식된 영혼들이
영혼의 물질 체험을 통해 영혼의 진화가 이루어질 수 있도록
관리하고 도와주는 역할이 있습니다.

영단이 존재하는 이유는
영혼들이 물질 체험을 통해 진화를 하는 과정에서
발생하는 카르마를 관리하고
카르마의 균형 잡기가 잘 이루어질 수 있도록 관리하는데 있습니다.
영단이 존재하는 이유는
영혼들이 물질 체험을 통해 진화할 수 있도록
개별 영혼들의 진화 프로그램에 맞추어
윤회 프로그램들을 잘 관리하는데 있습니다.

영단의 구성은
13차원의 최고 책임자가 있으며

13차원의 최고 책임자를 보좌하며
영단을 책임지고 있는 관리자가 있습니다.
차원마다 1단계에서부터 15단계로
우주적 신분이 분류되어 있습니다.
11차원에 영단의 중간 관리자가 있으며
9차원과 7차원과 5차원에 영단의 하위 관리자들이 있습니다.

외계 행성에서 온 빛의 일꾼들은
우주에서 행성을 운영하는
영단의 책임자나 영단의 관리자로 있다가
행성의 고유한 진화 경로를 벗어나게 되어 멸망하게 된 경우
행성의 우주적 카르마를 가지고
행성의 재건을 위해
행성의 리셋을 위해
지구 차원상승 과정에 참여하고 있는 것입니다.

영단의 관리자들의 본영은
자신들의 우주적 신분을 가진 차원에 머물고 있습니다.
5차원 영단에는 본영의 분화를 통해
5차원으로 에너지를 축소하여
5차원의 진동수에 맞추어 영단을 구성하여
행성을 운영하고 있습니다.

행성마다
영단을 구성하는 관리자들의 구성이 다릅니다.

행성마다
영단을 구성하는 관리자들의 차원이 다릅니다.
행성마다
영단을 구성하는 관리자들의 진동수가 다릅니다.

행성의 영단이 구성되었다는 것은
행성에 윤회 시스템이 가동된다는 것을 의미합니다.

광물과 식물만이 있으며 문명이 발달하지 않아
물질 매트릭스가 단조로운 행성의 영단의 구성은
복잡하거나 높은 차원의 영들로 구성될 필요가 없습니다.
동물이 우점종인 행성과 파충류가 우점종인 행성과
인간이 우점종인 행성의 영단 구성은 다를 수밖에 없습니다.

행성의 진화 과정에 따라
행성의 영단 구성은 달라집니다.
행성의 물질문명과 정신문명의 발달 정도에 따라
행성의 영단 구성이 달라집니다.
행성이 처해 있는 상황에 따라
행성의 영단 구성은 달라집니다.

신생행성일수록
낮은 차원의 관리자들로 영단이 구성됩니다.
실험행성일수록
높은 차원의 관리자들로 영단이 구성됩니다.

종자행성일수록
높은 차원에서 낮은 차원의 관리자들까지
두루두루 참여하는 영단이 구성됩니다.

행성 가이아의 의식이 높은 차원일수록
높은 차원의 관리자 그룹들이 많이 포함된 영단이 구성됩니다.
행성 가이아의 의식이 높은 차원일수록
영단에 참여하는 관리자들이 많아지고
다양한 관리자들로 영단이 구성됩니다.

의식이 깨어나고 있는 빛의 일꾼들과
의식이 깨어나고 있는 하늘 사람들을 위해
새 하늘과 새 땅에서 살아갈 인자들을 위해
대우주의 비밀을
하늘과의 소통 속에
하늘과의 조율 속에
우데카 팀장이 이 글을 기록으로 남깁니다.

행성의 영단 관리자가 꾸려지는 과정과 의무

행성은 17차원의 태미원에서 창조됩니다.
행성은 지역 우주의 창조주들에 의해 창조됩니다.
행성이 창조되고 나면 우주 함선들에 의해
행성에 생명이 살아갈 수 있는 환경을 조성하기 위한
행성의 탄생 과정이 진행됩니다.

행성의 탄생에는 반드시 3개의 막이 설치되어야 합니다.
첫번째 막은
행성의 공간을 탄생시키는 막입니다.

두번째 막은
행성마다 고유한 시간의 흐름을 결정하는
시간을 탄생시키는 막이 설치됩니다.
시간의 입자를 탄생시키고 시간의 입자의 흐름을 결정하는
무형의 시스템들이 설치됩니다.

세번째 막은
행성 탄생의 막이 설치됩니다.
행성 탄생의 막 아래에는 인류가 알고 있는
열권 중간권 성층권 대류권을 나누는
3개의 막이 다시 설치됩니다.

행성의 창조가 이루어지고 나면 행성의 탄생이 이루어집니다.

행성의 탄생 이후에
행성을 운영하고 관리할 행성 영단 관리자들이
모집 공고를 통해 엄격한 선발 과정을 거쳐 임명이 이루어집니다.

행성 영단 관리자들이 구성이 되는 때는 다음과 같습니다.

첫째, 신생 행성이 탄생이 될 때 영단이 구성됩니다.
둘째, 행성이 멸망하여 새롭게 리셋이 될 때
새로운 영단이 구성됩니다.
셋째, 현재 영단을 책임지고 있는 영단 관리자들의
자질이 부족하여 교체가 필요하다고 판단이 될 때
새로운 영단이 구성됩니다.

행성의 영단을 운영할 영단의 관리자들이 결정이 되면
우주 함선에서 이들에 대한 교육 과정이 이루어집니다.
일반 영혼들이 태어나기 전에
영단에서 자신의 삶의 프로그램 등에 대해 충분한 이해를 거치듯
영단의 관리자들 또한
우주 함선에서 자신이 운영할 행성에 대한
철저한 교육의 시간을 거치게 됩니다.
교육 과정 중에 탈락하는 영혼들이 있는데
이들은 영단의 관리자에서 배제됩니다.

예를 들어 지구 행성의 영단 관리자들이 구성되고 나면
다음과 같은 것들을 공부하는 시간을 갖게 됩니다.

- 지구라는 행성의 역사
- 지구라는 행성이 우주에서 어떤 역할이 있는지에 대한 이해
- 지구 행성의 자연 환경에 대한 이해
- 지구 행성의 생명유지 시스템들에 대한 이해
- 지구 행성에 입식되는 외투종들에 대한 이해
- 지구 행성의 진화 로드맵을
  어떻게 기획하고 어떻게 운영할지와
  행성 운영과 관련한 방대한 지식들을 습득하고 익히는
  교육 과정들을 모두 이수해야 합니다.

행성 영단 관리자들은
13차원과 11차원과 9차원의 영으로 구성됩니다.
행성 영단 관리자들은
본영의 영 에너지와 사고조절자를 5차원에 맞게
다운하고 압축하여 영단에 배치가 이루어집니다.

행성의 영단의 운영에
행성 가이아 의식은 직접적으로 참여하지 않고
협력자 그룹으로 존재합니다.
행성 영단의 협력자 그룹으로는
행성의 빛의 생명나무팀이 있으며
영단과 연결된 천상정부가 있습니다.

행성의 영단 관리자들은
13차원의 관리자 중 우주적 신분이 높은 영혼이
수장을 맡고 있습니다.
행성의 영단 관리자들에게는 3가지의
막중한 의무와 책임이 주어집니다.

첫번째 책임과 의무
행성 영단에 입식된 영혼들의 진화를 위해
영혼의 물질 체험을 위한
안정된 공간을 제공할 의무가 있습니다.
행성의 자연환경을
영혼의 물질 체험에 가장 적합하도록
조성해야 하는 책임과 의무가 있습니다.

두번째 책임과 의무
행성의 생명유지 시스템을 잘 운영하여
행성에 생명체가 살아갈 수 있도록
행성의 윤회 시스템이 잘 운영될 수 있도록 하며
행성의 진화 로드맵을 잘 운영해야 하는
막중한 책임과 의무가 있습니다.

세번째 책임과 의무
행성의 진화를 위해 설정한 모순이 너무 과하여
행성이 모순으로 멸망하지 않도록 관리해야 하는
책임과 의무가 있습니다.

행성의 진화를 빠르게 하기 위해 설정한 행성의 모순으로 인하여
행성이 멸망하거나 행성의 모순이 심화되면
행성 영단에 입식된 영혼들의 카르마 역시 급증하게 됩니다.

행성 영단의 관리자들은
일반 영혼들의 카르마가 과도하게 발생하지 않도록
안정적으로 카르마를 관리해 주어야 하는
책임과 의무가 있습니다.

행성 영단의 관리자들과 행성 영단에 입식된 영혼들은
공동 운명체입니다.
행성 영단에 한번 입식된 영혼은
다른 행성으로 쉽게 나갈 수 없기 때문입니다.

지구 행성에 들어와 살고 있는 영혼들 중
외계 행성에서 들어와 살고 있는 영혼들은
행성의 모순으로 인하여
멸망한 행성의 영단 관리자들과
행성의 멸망에 책임을 지고 있는 일반 영혼들인 행성 주민들입니다.

외계 행성에서 지구 행성으로 들어와 살고 있는 영혼들은
자신의 우주적 카르마를 가지고
행성을 멸망시킨 카르마를 풀기 위해
원죄를 갖고 슬픈 운명을 가지고 태어난 영혼들입니다.

지구 차원상승 과정을 통해
영단 관리자들의 카르마가 해소될 예정입니다.
지구 차원상승 과정을 통해
행성의 멸망에 카르마를 가진 일반 영혼들인
행성 주민들의 카르마가 해소될 예정입니다.

카르마가 해소된 영단 관리자들 중에는
자신의 행성으로 돌아가
행성을 재건하는 영혼들이 있을 것입니다.
카르마가 해소된 행성 주민들 중에는
자신의 행성으로 돌아가
행성을 재건하는 영혼들이 있을 것입니다.
카르마가 해소된 영단 관리자나 행성 주민들 중에는
자신들의 고향별로 돌아가지 못하고
우주의 사법적 절차를 따라야 하는 영혼들 또한 있습니다.

하늘과의 조율 속에 하늘과의 소통 속에
대우주의 비밀과 대우주의 진리를 전합니다.
기록의 필요성이 있어
우데카 팀장이 이 글을 기록으로 남깁니다.

행성의 영단 관리자들에게 주어지는 권한

행성 영단 관리자들에게는 많은 권한들이 있습니다.
행성의 영단 관리자들은
행성의 진화를 책임지고 있으며
행성의 영단에 입식된 영혼들(최소 3억 이상)의
영혼의 진화를 책임져야 하는
막중한 책임과 의무가 있습니다.

행성 영단 관리자들에게 주어지는 권한은 다음과 같습니다.
첫번째
자신의 행성에서 물질 체험을 하고 있는 영혼들이 입을
영혼의 외투를 선정할 수 있는 권한이 주어져 있습니다.
자신의 행성의 영단에 입식된 영혼들에게
파충류의 외투를 입힐 것인지
휴머노이드형의 외투를 입힐 것인지
어류나 조류형의 외투를 입힐 것인지를
결정할 수 있는 권한이 있습니다.

두번째
자신들의 행성에 입식될 종(외투)이 결정이 되고 나면
그 종에 대한 감정선과 의식선을
조정할 수 있는 권한이 있습니다.

입식될 인종의 외투에 따른 세부적인 조건들을
자신의 행성에 맞추어 재조정할 수 있는 권한이 있습니다.
자동차로 비유하면 옵션을 선택할 수 있으며
자신의 취향에 맞게 튜닝을 할 수 있는 권한이 있습니다.

세번째
자신들의 행성에 우점종으로 셋팅된 종족에 맞추어
자신들의 행성에 입식할 식물과 동물들의 종을
선정할 수 있는 권한이 있습니다.
자신들의 행성에 입식될 식물들과 동물들에 대해 세부적인 것들까지
행성에 설치된 빛의 생명나무팀과 조율할 수 있는 권한이 있습니다.
영단 관리자들은 자신들의 행성의 자연 환경에 최적화된
식물들과 동물들을 입식할 수 있는
막강한 권한을 가지고 있습니다.

네번째
행성에 지능형 생명체들을
추가로 유입할 수 있는 권한이 있습니다.
예를 들면
유니콘과 반인반마가 살고 있는 행성에
휴머노이드 인종을 추가로 입식할 수도 있으며
파충류 인종을 추가로 입식할 수 있는 권한이 있습니다.

다섯번째
행성의 진화 로드맵을 작성하는 권한이 있습니다.

행성 관리자들의 진면목이 가장 잘 나타나는 영역인 동시에
영단 관리자들에게 있어서 가장 중요한 역할인 동시에
가장 중요한 권한입니다.

행성의 관리자들은
자신의 행성에서 물질 체험을 할 영혼들에게
안정적으로 영혼의 진화를 할 수 있도록
최적화된 자연 환경과 함께
행성을 안정적으로 운영할 책임과 의무가 있습니다.

행성의 관리자들이 행성의 진화 로드맵을 짤 때
관리자들에게 많은 권한들과 많은 결정권들이 주어지게 됩니다.
영단 관리자들이 행성의 진화 로드맵을 짤 때는
영단 관리자들이 모두 모여 많은 토론과 회의를 거쳐
고민의 시간과 숙고의 시간들을 거쳐
행성의 진화 방향과 행성의 진화 로드맵이 완성됩니다.

여섯번째
행성에서 물질 체험을 하는 영혼들이 부족하다고 판단되면
상위 차원인 7차원의 천상정부를 통해
영의 유입을 요청할 수 있습니다.
외부 영단이 멸망하거나
외부 영단이 폐쇄된 경우
외부 영단에서 영혼의 입식이 요청되면
입식을 거부할 수 있는 권한이 있습니다.

다른 영단에서 새롭게 유입된 영혼들은
행성의 영단을 특별한 이유없이 나갈 수 없기 때문에
행성의 영단에서 이민자를 받을 것인지에 대한 결정권이 있습니다.
행성의 영단 관리자들은
새롭게 유입되는 영혼들을 받는 것을 꺼려하는 경향이 있습니다.
새롭게 유입되는 영혼들은
젊고 어린 영혼들만을 선별하여 받게 됩니다.

일곱번째
행성의 관리자들은
행성의 진화 로드맵을 성공시키기 위하여
물질세계에 자신의 아바타를 육화시켜
행성에서의 문명 체인저나 게임 체인저의 역할들을
맡을 수 있습니다.

영단 관리자들은 자신의 우주적 신분에 맞게
트윈 플레임이나 삼중 불꽃을 통해
동시대에 2명~3명의 아바타를 통해
행성의 진화 로드맵에 참여할 수 있는 권한이 있습니다.

여덟번째
행성의 문명을 시작할 수 있으며
행성의 문명을 종결할 수 있는 권한이 있습니다.
행성의 문명을 종결할 수 있는 권한은
특수한 경우에만 사용할 수 있습니다.

자신들이 설계한 행성의 진화 로드맵에 문제가 발생하여
영혼의 물질 체험이 순탄하지 못하거나
영혼의 진화에 큰 문제가 발생할 것이 예상이 되면
상위 차원에 보고를 한 후
행성의 문명 종결이 승인이 되면
행성의 문명은 종결 절차에 들어갈 수 있습니다.

아홉번째
영단의 최고 책임자에게는
영단을 새롭게 개편할 수 있는 권한이 있습니다.
행성 영단의 최고 책임자는
영단의 관리자들의 인사에 개입할 수 있습니다.
행성 영단의 최고 책임자는
행성 관리자들의 인원이 부족하다고 판단되면
상부에 추가 관리자들을 요청할 수 있으며
행성 관리자들을 교체할 수 있는 막중한 권한이 있습니다.
영단의 최고 책임자는
자신의 영단을 자신의 의도대로
직접 구성할 수 있는 권한이 주어져 있습니다.

열번째
행성 영단의 최고 책임자는
자신이 운영하던 행성이 멸망하게 되면
그 책임을 반드시 져야 합니다.
책임은 우주의 사법적 절차에 따라 진행됩니다.

영단 관리자들 또한
자신의 우주적 카르마를 가지게 되며
카르마의 내용에 따라
우주 법정에서 우주의 사법적 판단을 받아야 합니다.
행성의 멸망에 책임이 있는
행성 주민들 또한
자신들의 카르마 내용에 따라
우주의 법정에서 사법적 절차에 따라
영혼의 운명이 결정됩니다.

하늘과의 소통 속에
하늘과의 조율 속에
대우주의 비밀과 대우주의 진리를
우데카 팀장이 기록으로 남깁니다.

우주의 카르마와 우주의 십자가

우주의 카르마란
외계 행성에서 죄를 지은 행성 영단 관리자들과 행성의 주민들이
우주의 감옥행성인 지구 행성에서 해소하고 있는
공적인 카르마를 말합니다.

우주의 카르마란
창조주를 대신하여 행성을 운영하던
행성 영단 관리자들이 육화하여 일을 하다가
아바타의 실수나 경험부족으로 인하여
자신이 운영하던 행성을 멸망하게 하는 과정에서 발생한
카르마를 말합니다.

우주의 카르마란
창조주를 대신하여 행성을 운영하던
영단 관리자의 실수나 과오 때문에 행성의 영단이 폐쇄되고
행성이 멸망하는 과정에서 발생한 카르마를 말합니다.

우주의 카르마란
창조주를 대신하여 행성을 운영하던
영단 관리자들의 자만과 교만으로 인하여
행성의 모순이 극대화되거나 행성의 모순을 극복하지 못하고

행성을 멸망으로 이끈 과정에서 발생한 카르마를 말합니다.

우주의 카르마란
창조주께서 계획하고 실행한 실험행성에서
다양한 실험을 진행을 하다가 발생하였습니다.
영단 관리자의 오만과 독선으로 인하여
생명체에 대한 배려와 존중 없이 과도한 실험 등을 자행하다가
실험의 실패와 실험의 부작용으로 인하여
행성 주민들이 몰살당하거나 행성이 멸망한 경우에 발생한 카르마를
우주의 카르마라고 합니다.

우주의 카르마란
행성 영단 관리자들이 행성의 모순을 극복하는 과정에서
영단 관리자들의 자만과 교만으로 인하여 발생하였습니다.
창조주께서 행성에 셋팅한 기본적인 환경 등을 무시하고
행성의 공간의 막을 왜곡하거나 행성의 시간의 막을 걷어내거나
행성 탄생의 막을 걷어내어 행성이 멸망하는 과정에서
우주의 카르마들이 많이 발생하였습니다.

행성 영단 관리자들이
행성의 진화 로드맵을 촘촘하게 짜지 못하거나
행성 내의 갈등을 적당한 수준에서 관리하지 못하게 되면
행성은 정상적인 진화 로드맵을 벗어나게 됩니다.
행성의 영단에서 짜놓은 행성의 진화 로드맵 안에서
행성이 관리되지 못하면

행성 주민들 사이의 내분이나 내전으로 인하여
결국 행성은 멸망하게 됩니다.
한 행성이 멸망하는 과정에 참 많은 카르마들이 발생하였는데
이것을 원죄 또는 우주의 카르마라고 합니다.

개방형 항성계나 은하에서
행성간의 분쟁이나 행성간의 전쟁이나
타행성을 식민지배를 하는 과정에서
다양한 카르마들이 발생하는데 이것을 우주의 카르마라고 합니다.

개방형 항성계나 은하에서
멸망한 행성의 영단 관리자나 멸망한 행성의 주민들이
우주 함선에 탑승하여 떠돌다가
생존을 위해 우주 해적으로 살면서 많은 카르마를 짓게 되는데
이것을 우주 해적 카르마라고 합니다.

지구 행성의 75억의 인구 중 약 4%에 해당하는 3억 명이
우주 해적 카르마라는 원죄를 가지고
지구 행성에 태어나 우주 해적의 카르마를 해소하고 있습니다.

개방형 성단이나 은하에서
중형급 이상의 우주 함선을 건조할 수 있을 만큼
과학기술 문명이 발달한
행성과 행성 사이에 여행이 가능한 곳에서
성단과 성단 사이에 여행이 가능한 곳에서

은하와 은하 사이에 여행이 가능한 곳에서
분쟁이나 전쟁 등으로 인하여
참 많은 우주의 카르마들이 발생하였습니다.

개방형 성단이나 개방형 은하에서
행성간 갈등은 행성간의 전쟁으로 이어집니다.
개방형 성단이나 개방형 은하에서
성단과 성단 사이의 이해 관계와 갈등은
성단과 성단간의 우주 전쟁으로 나타납니다.
우주 전쟁은 은하간의 전쟁으로 확대됩니다.
이 모든 과정에 많은 생명체들은 목숨을 잃게 되며
행성 영단은 폐쇄가 되고 행성은 생명체가 살 수 없는 폐허가 됩니다.
이 모든 과정에서 참 많은 우주의 카르마들이
이해 당사자들 사이에서 발생하게 됩니다.

성단 사이의 전쟁은 상상할 수 없는 피해를 남기게 됩니다.
피해가 큰 만큼 이해 당사자들끼리
엄청난 우주의 카르마들이 발생하게 됩니다.
성단 사이의 전쟁은 성단을 제대로 관리하지 못한
성단 관리자의 우주의 카르마가 됩니다.
성단 사이의 전쟁은 성단을 관리하는 은하계의 최고 책임자인
지역 우주 창조주들에게도 우주의 카르마가 발생하게 됩니다.

우주의 십자가란
우주의 카르마가 발생한 행성에서

우주의 카르마가 비교적 적은 행성의 차세대 리더 그룹들인
행성 영단 관리자들이 짊어지고 온 등짐을
우주의 십자가라고 합니다.

우주의 법칙은 맺은 사람이 반드시 그 맺은 매듭을 풀어야 합니다.
자신이 발생한 카르마는 자신만이 그 카르마를 해소할 수 있습니다.

우주의 십자가는
우주의 카르마를 가진 영단 관리자들 중에
자신의 카르마를 해소하는 과정과
새롭게 리셋될 행성에서 새로운 리더가 되기 위해
혹독하게 훈련되고 준비되어지는 과정을 밟고 있는
영단 관리자들이 지고 있는 삶의 무게를 말합니다.

행성의 멸망에 직접적인 책임이 있는
행성 영단 관리자들 중 일부는
자신의 우주적 카르마를 전부 해소하고 나면
우주의 사법적 절차에 따라 영혼이 소멸되거나
다른 영단으로 재배치되게 됩니다.
이들은 자신이 저지른 우주의 카르마를 해소하는데
초점이 맞추어진 영혼 그룹입니다.

멸망한 행성이 새롭게 리셋이 되고 난 이후에
그 행성의 영단 책임자로 내정이 되어
그 행성의 미래를 담보로 하여

그 행성 주민들의 카르마를 대속하기 위해
지구 행성에 들어와 살고 있는
행성 영단의 차세대 리더들이 지고 있는
우주의 카르마를 우주의 십자가라고 합니다.

멸망한 자신의 행성을 재건하기 위해
멸망한 자신의 행성의 주민들의 카르마를 대속하기 위해
우주의 십자가를 지고
지구 행성에 들어와 살고 있는 일반 영혼 그룹들이 있습니다.
이들은 자신의 행성의 영단을 재건할
차세대 영단 관리자들을 도와
행성을 재건하기 위한 실무진으로 참석한 일반 영혼 그룹들이
우주의 십자가를 지고 살고 있습니다.

우주의 십자가를 지고 지구 행성에 살고 있는
행성 영단 관리자들과 행성 주민들인 일반 영혼 그룹들은
비교적 우주의 카르마가 적은 영혼 그룹입니다.
이들은 자신들의 카르마가 모두 해소되고
행성을 재건할 수 있는 훈련이 끝나는 대로
새롭게 리셋된 자신들의 고향별로 돌아가
영단의 진화 로드맵을 짜서
행성을 다시 재건하게 될 예정입니다.

우주의 카르마와 우주의 십자가를 가지고
지구 행성에 들어온 외계 행성에서 온 영혼들은

지구 차원상승 과정에서 자신들의 운명이 결정될 예정입니다.

자신의 카르마를 모두 해소하고
우주의 사법절차에 따라
영혼이 소멸되는 영혼 그룹이 있을 것입니다.
자신의 카르마를 모두 해소하고
자신들의 고향별로 돌아가
자신들의 행성을 재건하는 영혼 그룹이 있을 것입니다.

자신들의 카르마를 모두 해소한 영혼 그룹 중에
행성이 사라진 경우에는 인근 행성의 영단으로 재배치되거나
다른 행성의 영단 관리자로 재배치될 예정입니다.

자신들의 우주적 카르마를 모두 해소하지 못해
지구 행성을 벗어나지 못하고
자신의 우주의 카르마가 해소될 때까지
지구 행성의 윤회 시스템 속에서
윤회를 하는 영혼들이 있을 것입니다.

자신들의 우주적 카르마는 모두 해소했지만
행성을 재건하기 위한 훈련이 다 끝나지 않아
지구 행성에서 2~5회의 윤회를 마치고 나면
리셋된 자신들의 고향별로 돌아가
영단의 책임자가 될 영혼들이 있을 것입니다.

외계 행성에서 우주의 카르마를 가지고
카르마를 해소하기 위해
우주의 감옥행성인
지구 행성에서 살고 있는 영혼들의 건승을 빕니다.

외계 행성에서 우주의 십자가를 지고
자신의 행성을 재건하기 위해
우주의 감옥행성인
지구 행성에서 고생하고 있는 영혼 그룹들의 건승을 빕니다.

모두들 수고하셨습니다.

정리의 필요성이 있어
기록의 필요성이 있어
이 글을 우데카 팀장이 기록으로 남깁니다.

행성이 리셋(초기화)되는 이유

행성은 의식을 가진 생명체입니다.
행성마다 고유한 진화 여정을 가지고 있습니다.
행성의 진화를 책임지고 있는 곳은 13차원입니다.
13차원의 차원 관리자들에 의해 행성의 소주기들이 결정되며
행성의 중간 주기들과 행성의 대주기들이 결정되어
진화의 여정에 들어가게 됩니다.

행성의 소주기들이 시작될 때마다
대홍수나 대재난 등을 통해 행성의 인구를 감소시킵니다.
이것은 자연스러운 과정이며 행성의 정화 과정이기도 합니다.
인류의 의식 수준에서
소주기 때마다 일어나는 자연의 변화를
하늘의 심판 또는 신의 심판으로 이해하는 것은
어쩌면 당연한 것입니다.

인류의 역사가 새롭게 시작되는 변곡점에는
대규모 인구의 감소가 항상 동반될 수밖에 없습니다.
대홍수 신화나 거대한 화산 폭발이나
대형 지진 등을 동반하게 됩니다.
이러한 자연의 격변과 괴질 등은
소주기에 일어나는 행성의 변화입니다.

지구 행성 역시 많은 소주기들을 거쳐 왔습니다.

행성이 리셋이 되는 방법은
대규모의 지각 운동과 지축의 변화
대륙의 침몰과 융기와 같은 형태로 일어납니다.
지구 행성에서 있었던 고대 문명들 중에
레무리아 대륙과 아틀란티스 대륙이 침몰한 것과 같이
행성의 리셋은 정기적으로 발생합니다.

행성이 리셋이 되는데
인간이 상상할 수 없는 많은 에너지들이 필요합니다.
대형 우주 함선들에 의해 행성의 리셋은 준비되며 실행됩니다.

행성이 탄생될 때의 모습으로
초기화가 되는 것을 행성의 리셋이라고 합니다.
행성이 리셋이 되는 경우는 크게 3가지 경우로 한정됩니다.

첫번째
행성은 행성의 진화 과정상
정기적으로 주기적으로 리셋이 되도록 예정되어 있습니다.
영혼의 물질 체험을 위한 연극 무대로서
행성이 새로운 진화 단계로 진입을 하기 위해서는
기존의 낡은 무대를 해체하고
새로운 연극 무대로 리셋이 되어야 합니다.

행성의 주기마다 리셋이 이루어지는데
이는 그리 큰 규모가 아닙니다.
모든 것을 허물고 새롭게 행성을 리모델링하는 것이 아니라
필요한 부분에 필요한 만큼만
행성의 리셋이 진행되는 경우가 있습니다.
과학기술 문명이 발달한 행성에서
방사능의 오염이나 자연환경에 대한
돌이킬 수 없는 재앙들이 발생하게 되어
행성 스스로 자정 능력을 잃게 되는 경우에
행성의 리셋은 이루어질 수밖에 없습니다.

두번째
행성들에게 은하의 밤은 축제의 시기입니다.
행성들이 길고 긴 은하의 밤을 마치고
광자대의 영역으로 들어갈 때
행성에는 많은 모순들이 발생하게 됩니다.
광자대를 통과하다가
많은 행성들은 진화 경로를 벗어나서
행성의 진화 방향이 틀어지거나
행성의 진화가 멈추거나
행성의 영단이 폐쇄되거나
행성이 자체 모순으로 인하여 멸망하게 되는 경우가 있습니다.
광자대는 행성의 주기를 결정하는 중요 인자입니다.
광자대를 통과하면서
행성은 새로운 진화 경로를 맞이하게 됩니다.

광자대를 통과하면서
행성들의 리셋이 가장 많이 발생하게 됩니다.
광자대를 통과하면서
행성들의 리셋이 이루어지는 때에는 그 규모가 매우 크며
경천동지할 수준으로 행성들이 새롭게 태어나게 됩니다.

광자대를 통과할 때
행성들이 대규모의 리셋을 맞이하게 됩니다.
광자대를 무사히 통과하게 된다 할지라도
행성에 소규모의 리셋은 불가피합니다.
광자대는 시작도 끝도 없는 행성의 역사에
행성의 주기를 결정하는 중요한 인자로 작용하기 때문입니다.
행성이 광자대에 노출되는 시기는
행성마다 다르고
태양계에 따라 다르고
은하마다 다르지만
광자대를 통과하는 동안
행성들은 어떤 형식으로든 리모델링이 이루어지며
새로운 은하의 밤을 준비하게 됩니다.

세번째
행성의 진화 로드맵은 13차원에서 기획하고 준비하지만
그 계획을 실행하는 곳은 행성의 영단에서 실무를 집행하게 됩니다.
행성의 진화를 담당하고 있는 에너지체들이 있는데
이들을 영단의 관리자라고 부릅니다.

지구 행성의 진화를 담당하고 있는 지구 영단을
영성계에서는 대백색 형제단이라고 알려져 있습니다.

영단의 관리자들은
행성의 영단을 통해
행성을 운영하고 행성을 관리하고 있습니다.
행성의 영단 관리자들은
자신의 행성에 육신의 옷을 입고 태어나
행성의 영단에서 정해 놓은
행성의 진화 여정에 맞게
행성을 운영하고 관리하는 역할을 맡고 있습니다.

영단의 관리자들은
행성에 소속된 일반 영혼들에 비해
최소 5배에서 30배 이상의 큰 에너지를 가지고
육화를 통해
행성의 중요 문제를 결정하는 역할을 맡고 있습니다.
영단의 관리자들은
행성의 문명에 변곡점들이 있을 때마다
자신의 행성의 문제에 직접 개입할 수 있도록
육화를 통해
행성의 운명을 직접 결정하는 역할을 맡고 있습니다.

행성의 운명은
행성 영단의 관리자들에 의해 좌우됩니다.

행성 영단의 관리자들에게는
행성을 운영하고 관리하는데 필요한 사고조절자가
창조주로부터 부여됩니다.
행성 영단의 관리자들은
창조주로부터 받은 사고조절자를 통하여
행성을 운영하고 관리하고 있습니다.

행성의 영단 관리자들에 의해
행성이 운영되고 관리되다가
행성 영단의 관리자들이 육신의 옷을 입고
행성을 운영하다가 변수가 생겨
행성이 진화 경로를 벗어나거나 진화를 멈추거나
행성의 주민들이 모두 죽는 경우가 발생합니다.
행성이 멸망하게 되거나
행성의 윤회 시스템이 작동되지 않으면
행성의 영단이 폐쇄가 일어나게 됩니다.

행성에 있는 모든 생명체가 다 죽을 만큼
행성에 어떤 생명체도 살 수 없을 만큼 되었을 때
하늘에 의해 그 행성의 영단은 폐쇄가 되고
행성은 수백만 년 이상의 정화 기간을 거친 후
행성이 태어날 때의 초기 상태로 리셋이 됩니다.
이 경우가 리셋이 되는 강도가 제일 크며
하늘의 에너지 역시 가장 많이 필요합니다.

행성의 리셋이 되기 전
행성의 정화 기간이 진행되는 동안
행성의 리셋 이후의 진화 로드맵이 짜여지고
새로운 영단 책임자들이 선정됩니다.

하늘의 엄격한 심사를 거치고
하늘의 엄격한 행정적 절차를 거쳐
행성의 영단을 운영하고 관리하다가
행성의 주민들을 다 죽이고
행성을 멸망시키고
행성의 영단을 폐쇄시킨 당사자들이
자신의 우주의 카르마를 가지고
지구 행성에 살고 있는 영혼들이 있습니다.
이들을 외계 행성에서 온 빛의 일꾼들이라 합니다.

외계 행성에서 온 빛의 일꾼들은
일반 빛의 일꾼들보다
더 힘든 삶의 프로그램을 가지고
지구 행성에서 살아가고 있습니다.
자신의 카르마를 해소할 행성은 멸망하고 없으며
자신의 카르마를 받아줄 어떤 행성도 우주에 없으며
이들의 카르마를 해소할 유일한 행성이 지구 행성입니다.

외계 행성에서 온 빛의 일꾼들은
모두 행성을 운영하다 실패한 영혼들입니다.

외계 행성에서 온 빛의 일꾼들은
카르마를 해소할 수 있는 유일한 행성인 지구에서
카르마를 다 해소해야
자신의 행성으로 돌아갈 수 있습니다.

지구 행성에서 자신의 카르마를 모두 해소하고
지구 차원상승 과정에 참여하여
그 공을 인정받아야
자신의 행성 영단으로 돌아가서
리셋이 끝난 자신의 행성의 영단을 다시 열고
자신의 행성을 재건할 수 있습니다.

외계 행성에서 온 빛의 일꾼들의 건승을 빕니다.

23코드에 대한 정리

행성마다 문명의 복잡도를 표시하는 숫자가 부여됩니다.
아담과 이브 프로젝트를 시작으로 건설되는 행성의 원시 문명은
그 복잡도가 6 정도 됩니다.
아담과 이브 프로젝트를 통하여 한 인종이 고대 문명으로 발달할 때의
문명의 복잡도는 8 정도로 표시할 수 있습니다.

행성마다 물질문명의 난이도와 복잡도를 고려하여
물질문명의 코드들이 부여되는데
지구 행성의 물질문명의 코드는 12로 시작하였습니다.

지구 행성의 물질문명의 코드가 12라는 것이 갖는 의미는
지구 행성의 시간과 공간이
12에 맞추어 셋팅되었다는 것을 의미합니다.
12코드에 맞게 일년은 12달이 되었으며
하루는 낮과 밤으로 하여 12가 확장되어 24시간이 되도록
시간의 영점 조정이 이루어졌음을 의미합니다.

지구 행성은 다른 행성의 문명에 비해
물질문명의 난이도가 높고 어둠의 매트릭스가 짙으며
양극성의 모순을 극대화하기 위해
12코드에 맞추어 행성의 문명이 설계되었습니다.

지구 행성의 물질문명이
지구 행성 영단인 대백색 형제단에서 짜여질 때
12코드에 맞추어 시작하여
23코드에 극단적인 물질문명의 모순을 경험한 뒤
24코드에 맞추어 새로운 문명으로 전환할 수 있도록 설계되었습니다.
지구 행성의 물질문명은
12코드로 시작하여 23에 모순의 정점을 이루고
지축의 정립 이후에 24코드에 차원상승을 하도록
처음부터 그렇게 설계되었습니다.

짝수 코드로 시작한 행성의 문명들은
홀수 코드에 모순과 갈등이 나타나고
짝수 코드에 모순과 갈등이 해소되는 것이 행성이 진화하는 방식이며
이 방식에 의해 행성의 영단에서는
행성의 진화 방향을 프로그램하고 있습니다.

홀수 코드에서 갈등과 모순을 해결하지 못하고
멸망하는 행성들이 우주에는 많이 존재합니다.
홀수 코드와 짝수 코드들 사이에
행성의 소주기와 대주기들이 맞물려 있으며
우주의 소주기와 대주기들이 서로 연결되어 있습니다.

지구 행성에서 23코드의 시작은
지구 행성의 물질문명이 원자 폭탄을 사용하기 시작한
1945년 이후 시작되었습니다.

지구 행성의 문명은 12코드에 맞추어 시작되었습니다.
6코드로 시작하는 구석기 시대와 신석기 시대인
원시 문명이 펼쳐졌습니다.
8코드의 시작은 청동기 시대와 철기 시대를 말합니다.
8코드는 고대 국가의 출현과 고대 문명이 펼쳐졌던 시대로
우리나라로는 삼국시대를 말합니다.

10코드의 시작은
우리나라 역사로는 통일 신라와 고려시대에 해당되는 시기이며
중세의 시대를 말합니다.
12코드로 시작하는 문명은 조선이 건국되는 시기와 맞물려 있습니다.
이 시대에 하늘에서 물질문명의 매트릭스들을
촘촘하게 설치하기 시작하였습니다.
고도로 훈련된 어둠의 일꾼들이 땅위에 태어나기 시작하였습니다.

14코드는 어둠의 가문들이 태어나 활동을 시작하는 시기로
조선 전기 시대이며
어둠의 정부 13가문이 활동을 시작하는 시기입니다.
16코드는 성리학이 전성기를 이루는 시기입니다.
유럽에서는 르네상스와 종교 개혁의 시대로
어둠의 정부와 어둠의 일꾼들이
인류 역사를 움직이기 시작하는 시기입니다.
18코드는 실학사상이 태동되고 전성기를 이루는 시기에 해당됩니다.
서양의 절대주의와 중상주의 정책이 펼쳐지는 시기이며
근세가 시작되는 시기입니다.

20코드는 구한말과 동학농민운동을 거치는 사회 혼란기이며
산업혁명 이후의 시기를 말합니다.
22코드의 시작은 갑오경장 이후 근대가 시작하는 시기를 말하며
서양의 근대 문명이 꽃피우는 시기입니다.

6코드로 시작했던 지구 행성의 문명은
1945년을 기점으로 23코드가 시작되었습니다.

지구 행성의 물질문명은
12코드의 물질문명에서 시작하여
23코드에 물질문명의 모순의 정점을 이루고 붕괴를 맞이한 후
24코드에 지축의 정립과 함께 새로운 문명이 시작됩니다.
24코드에서 새롭게 시작한 문명은
32코드까지 온전한 정신문명을 이루기 위한 과도기의 문명을 보낸 뒤
32코드가 되는 시점에서부터
온전한 정신문명이 펼쳐지게 되는 것입니다.

지축의 정립 이후 안전지대에서 살아남은 인류들은
역장 생활과 역장의 해체 후 약 800년 동안 24코드에서 31코드까지
지구 행성의 영단에서 준비한 행성의 진화 로드맵을 통과한 후
32코드로 시작하는 온전한 정신문명을 열게 될 예정입니다.

지구 행성은 32코드로 시작하여
다양하고 복잡한 정신문명과 물질문명을 체험하게 되면서
64코드까지 진화할 예정입니다.

64코드의 정신문명과 물질문명이 펼쳐질 때를
자미원의 시작으로 볼 수 있습니다.

지구 행성에서 23코드가 갖는 의미는 다음과 같습니다.

- 지구 행성에서 문명의 종결을 의미하는 숫자를 상징합니다.
- 인류의 의식과 문화를 상징하는 숫자입니다.
- 지구 행성에 펼쳐진 물질문명의 모순이 집약되고
  극대화되어 있는 시기를 말합니다.
- 혼돈의 시대와 말법의 시대를 상징합니다.
- 지축의 기울기가 23.5도인 이유는
  지구 행성의 모순을 의미하며
  23코드에 행성의 모순이 극대화됨을 상징합니다.

12코드에서 시작하여 23코드까지 진행된
지구 행성의 문명의 특성은 다음과 같습니다.

- 선천의 시대라고 하며 물질문명이 발달하고 결과를 중요시하고
  눈에 보이는 것을 중요시하는 시대를 말합니다.
- 양의 시대이며 남성 중심주의 시대를 말합니다.
- 인간의 생명회로도에 많은 제약이 설정되어 있으며
  영적인 능력이 봉인되는 시대입니다.
- 지축이 기울어진 시기를 말하며
  강하게 새로운 것들이 싹트고 성장하며
  대립과 갈등을 통해 성장하는 시대를 말합니다.

- 우주의 빛이 균등하지 못하게 행성에 유입되는 시기이며
  인간의 수명이 제한되고 감소되는 시기를 말합니다.
- 하늘과의 소통이 끊어진 시대를 말하며
  하늘의 진리가 땅에서 오염되고 왜곡되는 시기를 말합니다.
- 눈에 보이는 것을 믿는 과학의 시대이며 종교의 시대를 말합니다.

지구 행성은 지축의 정립을 시작으로
24코드에 진입하게 될 것입니다.
지축 이동 과정에서 살아남은 인류들은
새로운 물질문명과 새로운 정신문명의 시작인
25코드에 의해 살아가게 될 것입니다.

지구 행성의 영단은 지구 행성의 문명이
25코드에서 시작하여 64코드로 진화할 때까지
행성의 진화 로드맵을 준비해 놓았습니다.

지금 이 시기는 지구 행성의 물질문명의 종결을 상징하는
23코드의 막바지에 와 있음을 전합니다.

행성 영단의 진화 로드맵에 대한
정리의 필요성이 있어
우데카 팀장이 이 글을 기록으로 남깁니다.

인류의 건승을 빕니다.

32코드에 대한 정리

행성의 진화를 담당하고 있는 주체는 행성의 영단입니다.
행성의 영단 관리자들이
행성의 진화 로드맵을 수립하고 집행을 하는 것이
우주의 보편적인 법칙입니다.

행성이 정신문명과 물질문명의 복잡도와 난이도를 결정할 때나
행성의 진화 로드맵이 설계될 때 매뉴얼의 방식이 숫자로 표현됩니다.
지구 행성의 진화 로드맵은 6에서 시작해서
64까지 계획되어 있습니다.

23코드는 지구 행성의 물질문명의 종결을 상징하는 코드입니다.
24코드는 지축의 정립 이후
지구 행성에 펼쳐질 문명의 내용을 말합니다.
24코드는 지구 행성의 물질문명의 붕괴 후
안전지대인 역장 안에서
창조주께서 주관하는 아보날의 수여를 통한
인류 의식이 교정되는 시기를 말합니다.

지축의 정립 이후에
살아남은 인류들은 역장 생활을 통해
정신문명을 열기 위한 기초 과정들을 배우게 될 것입니다.

역장 생활에서 벗어난 인류들은
행성의 영단에서 준비한
새로운 과학기술 물질문명을 기반으로
새로운 정신문명이 펼쳐질 것입니다.

역장 생활의 해제 이후에
지금의 지구 행성의 시간으로 약 800년에서 1,000년 동안에 걸쳐
행성의 영단에서 준비한 25코드에서 31코드에 담겨 있는
진화 과정을 체험하게 되어 있습니다.

32코드는 지구 행성에서 온전한 정신문명이 펼쳐질 때
지구 행성 영단에서 준비된 콘텐츠를 의미합니다.
64코드는 지구 행성이 온전한 자미원이 되었을 때에
영단의 준비된 콘텐츠를 말합니다.

32코드는
지구 행성에 펼쳐질 정신문명의 내용을 말합니다.
32코드는 지상으로 내려온 창조주의 중심의식에 의해 수립되었으며
지구 행성의 영단에 의해 집행될 예정입니다.

지구 행성에서 펼쳐질 정신문명의 콘텐츠를 32코드라고 합니다.
하늘에 의해
창조주에 의해
지구 영단에서 준비한 정신문명의 내용을 32코드라고 합니다.

32코드의 특성은 다음과 같습니다.

- 후천의 시대라고 합니다.
- 음이 주도하는 시대가 됩니다.
- 여성이 중심이 되는 시대가 펼쳐집니다.
- 모든 것을 수렴하면서
  새로운 것이 창조되고 탄생되는 시기를 말합니다.
- 계절의 구분이 불분명하게 됩니다.
  크게는 봄과 가을로 재편이 됩니다.
  낮과 밤의 기온 차이가 크지 않으며
  기후 변화가 크지 않습니다.

- 우주의 빛이 균등하게 들어오게 됩니다.
- 인간의 수명이 늘어나게 되며
  보통 3천 년이나 4천 년 이상으로 늘어나게 될 것입니다.
- 인간의 생명회로도의 제약이 감소되며
  인간의 영적 능력이 증가되어
  하늘과의 소통이 일상화가 됩니다.

- 만물과의 대화와 소통이 가능하게 됩니다.
- 빛의 지구가 될 것이며 자미원의 기초가 다져지게 될 것입니다.
- 동기적 순수성이 중요시되는 시기이며
  양심이 보편적 기준이 될 것입니다.
- 감성의 폭이 넓어지게 될 것이며
  의식의 폭 또한 고도화 될 것입니다.

- 지구가 우주의 보석 행성이 될 것이며
  지구가 우주의 중심이 될 것입니다.
  지구가 인간의 고향별이 될 것입니다.

지축의 정립 이후에
지구 행성의 차원상승 이후에
새 하늘과 새 땅에서
새로운 정신문명이 펼쳐질 예정입니다.

지구 행성의 영단에서 준비한
정신문명의 콘텐츠를 32코드라고 합니다.

기록의 필요성이 있어
이 글을 기록으로 남깁니다.

행성에 생명이 탄생(입식)되는 원리

행성에 있는 꽃과 식물들은
누가 하나 하나 심은 것이 아닙니다.
행성에 있는 꽃과 식물들은
누가 씨앗을 뿌린 것이 아닙니다.
행성에 있는 꽃과 식물들은
타행성에 있는 식물들을 옮겨 심은 것이 아닙니다.

행성에 있는 균류와 바이러스들은
창조주를 보좌하는 파라다이스의
빛의 생명나무의 팀들에 의해 창조됩니다.

행성에 있는 균류와 바이러스들은
생명을 발현시킬 수 있는
생명회로도를 가진 무형의 기계장치들이
우주 함선들에 의해 입식할 지점에 뿌려지게 됩니다.

행성에 있는 균류와 바이러스들은
생명회로도를 가진 무형의 기계장치에
행성 가이아의 게(Ge) 에너지에 의해
생명회로도가 생명의 씨앗이 발아가 되듯
생명회로도가 작동이 시작되면서 생명체로서 탄생이 완료됩니다.

행성에 있는 꽃과 식물들은
식물의 유전자인 DNA가 세포의 핵에 패킹(접힘)되어 있습니다.
행성에 있는 을목(乙木)들은
무극의 세계의 빛의 생명나무팀과
무극과 태극의 에너지체들로 구성된 생명창조팀에서 창조됩니다.
행성에 있는 꽃과 식물들은
태극과 무극의 생명창조팀과 빛의 생명나무팀에서
무형의 형태로 창조되어
우주 함선에 의해 행성으로 운반되어 적합한 지역에 뿌려지게 됩니다.

식물과 꽃을 피울 수 있는
무형의 기계장치들이 뿌려지고 나면
공의 세계의 무형의 기계장치와
기의 세계의 무형의 기계장치가
색의 세계에서 작동될 수 있도록
생명을 탄생시키는 빛이 우주 함선에 의해 비춰지게 됩니다.

인간의 눈에는 보이지 않는
무형의 기계장치로 구성되어 있는 생명의 씨앗들은
생명 탄생의 빛을 받게 되면
생명회로도가 작동되면서 생명의 탄생이 이루어집니다.

생명회로도가 담겨 있는
무형의 생명의 씨앗이 뿌려지고 난 뒤에
행성의 가이아의 게(Ge) 에너지와 생명 탄생의 빛이

무형의 기계장치에 공급이 되면
무형의 생명의 씨앗에서
무형의 생명회로도에서
유형의 생명체가 탄생이 이루어집니다.

행성에 있는 동물들 중
무성생식을 하거나 몸집이 작고
비교적 유전자 구조가 단순한 초파리와 같은 단세포 생명체들은
식물과 같은 방식으로 동물들이 탄생됩니다.
행성에 있는 동물들 중 유성 생식을 하는 동물들은
우주 함선들에 의해서
암컷과 수컷들을 타행성으로부터 가져와
행성에 방사하게 됩니다.

행성의 영단에서
행성에 입식될 동물들에 대한 엄격한 선정절차를 거쳐
타행성으로부터 입식이 이루어집니다.
행성에 적합한 동물들의 종을 결정하고
종들의 다양성을 고려하여
암컷과 수컷들을 가져와서
행성 곳곳에 씨앗을 뿌리듯 우주 함선들에 의해 방사됩니다.

지구 행성에 살고 있는 인간은
무극과 태극의 생명창조팀에서
창조주의 명령에 의해 우주 실험실에서 창조됩니다.

창조주의 조물 작용에 의해
창조주를 보좌하는 빛의 생명나무팀에 의해
생명창조팀인 라파엘팀에 의해
우주 실험실에서 무형의 인간이 창조됩니다.

무극과 태극에서 창조된 인간은
순수한 공의 세계에서의 창조가 이루어집니다.
무극과 태극에서 창조된 인간은
물질세계인 색의 세계에서 생명의 탄생과 함께
의식의 탄생이 이루어져야 합니다.
무극과 태극의 우주 실험실에서 창조된 인간은
삼태극의 물질 행성인 실험행성에서
인간으로 탄생이 이루어집니다.
실험행성에서 오랜 기간 동안 적응 훈련과
충분한 테스트를 거친 후에 이상이 없다고 판단이 되면
입식될 행성에 아담과 이브의 형태로 입식이 됩니다.

행성에 입식된 다양한 아담과 이브들에 의해
다양한 종족과 다양한 민족들이 탄생됩니다.
아담과 이브는 한 쌍이 아닌
지역별로 대륙별로 동시대에 걸쳐
다양한 아담과 이브들이 입식되게 됩니다.

행성에 입식된 아담과 이브들이
번성에 실패하거나 문명을 건설하지 못하게 되면

더 진화된 아담과 이브들을 통해
행성에 추가적으로 입식이 이루어집니다.

인간의 고향은 지구 행성입니다.
지구 행성은 호모 사피엔스의 고향별입니다.
지구 행성에서 참 많은 휴머노이드형 인종에 대한
아담과 이브 프로그램이 진행되었습니다.
지구 행성에서 최종적으로 낙점된 휴머노이드형 인종은
현생 인류인 호모 사피엔스로 최종 결정이 났습니다.

호모 사피엔스는 아담과 이브 프로그램을 통해
지구 행성에서 실험되었습니다.
인간은 대우주의 7주기에 우점종이 되어
대우주에 입식될 예정입니다.

인간을 자신의 행성에 입식하기 위해
자신의 행성에 최적화된 인간의 셋팅값들을 찾아내기 위해
자신의 행성에서 인간의 옷을 입고
아담과 이브 프로그램을 진행하기 위해
지구 행성에 들어와 있는 사람들을 스타시드(starseed)라 합니다.

시절인연이 되어 우데카 팀장이
하늘과의 조율 속에
하늘과의 소통 속에
이 글을 기록을 위해 남깁니다.

생명체의 외투와 스타시드

지구 행성의 75억 인류 중에 약 12%는
지구 영단에 속한 영혼들이 아닌
다른 은하나 다른 행성의 영단에 속해 있는 영혼들입니다.
이들은 외계 행성의 영단에 속한 영혼들입니다.
지구 행성에서의 삶이 끝나면
자신의 고향별로 돌아갈 영혼들입니다.

행성마다 살고 있는 생명체의 외형은 모두 다릅니다.
이 우주에 존재하는 생명체의 유전 형질은
크게 4가지로 존재합니다.
가장 오래된 생명체인 어류
하늘을 날으는 조류와
곤충류와 파충류를 합친 갑류
네발을 가지고 있는 주류로 분류합니다.

인어공주들은 어류에 속하며
나비족은 조류에 속하며
렙탈리언들은 갑류에 속하며
인간은 주류에 속합니다.
대우주에는 다양한 생명체들이
다양한 외모를 가지고 살아가고 있습니다.

우주에서 가장 늦게 창조된 종족은
휴머노이드형 중에는 호모 사피엔스 종입니다.
호모 사피엔스는 우주에 존재하는 최신형 외투입니다.
인간(호모 사피엔스)이 창조될 때
어류와 조류와 갑류와 주류 에너지를 모두 결합하여 창조하였습니다.

어류의 에너지가 가장 많이 들어있는 체질은 소음인에 해당됩니다.
조류의 에너지가 가장 많이 들어있는 체질은 태양인에 해당됩니다.
갑류의 에너지가 가장 많이 들어있는 체질은 소양인에 해당됩니다.
주류의 에너지가 가장 많이 들어있는 체질은 태음인에 해당됩니다.

어류의 에너지는 다시 3개로 분화합니다.
A타입 : 어류 에너지 4 조류 3 주류 2 갑류 1
B타입 : 어류 에너지 4 갑류 3 조류 2 주류 1
C타입 : 어류 에너지 4 주류 3 갑류 2 조류 1

조류의 에너지 역시 3개로 분화합니다.
A타입 : 조류 에너지 4 어류 3 갑류 2 주류 1
B타입 : 조류 에너지 4 갑류 3 주류 2 어류 1
C타입 : 조류 에너지 4 주류 3 어류 2 갑류 1

같은 원리로 갑류와 주류 역시 분화합니다.
이렇게 하여 12지파의 형성이 이루어졌습니다.
호모 사피엔스의 구분은 에너지의 구성 비율로 분류하면
크게는 4개로 구분하며 세분화하면 12개 에너지로 분류합니다.

외계 행성에서 지구 행성으로 들어올 때
영혼은 인간의 몸을 입고 지구 행성에서 살아갈 수밖에 없습니다.
자신의 행성에서 살았던 외형 그대로 오게 되면
많은 문제점들이 발생하게 됩니다.
외계 행성의 영단에서 지구 행성의 영단으로 이주한 영혼들은
자신의 행성에서 살고 있던 외형과
가장 가까운 외투를 선택할 수밖에 없습니다.

호모 사피엔스의 외투는 크게 12종류입니다.
'아바타' 영화에 나오는 나비족이
지구 여인의 자궁에 태어날 때는
조인족의 에너지를 가장 많이 가지고 있는 부모를 선택하여
자신의 영혼과 가장 유사한 성질을 가진 외투를 선택하는 것이
불편함이 적게 나타날 것입니다.

나비족은 조류의 에너지 파장이 가장 많은 부모를 선택하여
태어날 수밖에 없습니다.
인어공주와 같은 수생 행성에서 온 영혼들은
자신의 파장대와 비슷한
어류의 에너지를 많이 가진 부모를 선택해서 태어나는 것이
영혼이 태어나 사는데
불편함이나 부작용들이 적게 나타나게 될 것입니다.
렙탈리언들은 갑류의 에너지를 가진 부모들에게
휴머노이드형들은 주류의 에너지를 가진 부모들에게
가장 많이 태어나게 됩니다.

외계 행성에서 온 영혼들이
지구 행성에서 태어나서 산다는 것은
그리 쉬운 일이 아닙니다.
처음 입어보는 육신의 옷을 입고
낯선 지구 행성에서 타향살이를 해야 하기 때문입니다.

지구 행성에는 아무나 들어와서 살 수 없었습니다.
지구 행성에 들어와서 살고 있는 영혼들은
다음과 같은 경우에 해당됩니다.
행성의 영단이 폐쇄되거나
다른 행성을 침입해 식민 지배를 하고 있는 경우
행성이 다른 행성의 침입에 의해 멸망한 경우
행성이 환경 재앙으로 멸망한 경우
행성의 모순으로 진화가 멈춘 행성인 경우
행성의 에너지원이 고갈된 경우
행성을 망하게 하는데 책임이 있는
행성 영단의 최고 관리자 그룹이나
영단의 책임자들과 행성의 주민들이
행성의 카르마를 해소하기 위해 들어와서
힘들게 살고 있습니다.

지구 행성에 들어와 있는 영혼들의 행성들은
대부분 영단이 폐쇄되고
행성에는 어떠한 생명체도 살아갈 수 없는 상태가
되어 있는 경우가 대부분입니다.

외계 행성들은 행성이 대부분
빙하기와 간빙기를 지나고 있는 중이며
지구 차원상승 과정이 끝나고
대우주의 7번째 주기가 시작이 될 때
행성들은 다시 리셋되어질 예정입니다.
행성에 생명체들이 살 수 있는 원시 환경이 만들어질 예정입니다.
행성에 호모 사피엔스가 입식이 예정되어 있거나
행성의 문명을 다시 열어야 하는 행성들입니다.
그때를 위해
인간의 옷을 입고 다양한 실험들을 통해
자신의 행성에 최적화된 호모 사피엔스의 셋팅값들이 필요했습니다.

자신들의 행성에 인간이라는 외투를 입은
휴머노이드형 종족의 도입을 위해
자신들의 행성에 인간이라는 외투를 입은
아담과 이브 프로젝트를 위해서
지구 행성에서 인간이라는 외투를 입고 실험에 참여하고 있는
외계 행성에서 온 영혼 그룹을 스타시드라고 합니다.

스타시드(starseed)는
지구 행성 인구의 1% 정도 됩니다.
스타시드는 인디고 아이들과 크리스탈 아이들
그리고 레인보우 아이들을 말합니다.
스타시드들은
지구 행성에 온 실험의 목적이 완성되고 나면

지구 영단을 떠나 자신이 온 행성의 영단으로 돌아가
자신들의 행성에서 아담과 이브 프로그램을 통해
호모 사피엔스 인종을 자신들의 행성에 입식할 예정입니다.

지구 행성은 대우주의 7번째 주기를 열기 위해 준비된
실험행성과 종자행성입니다.
지구 행성은 호모 사피엔스의 고향별입니다.
대우주에 호모 사피엔스를 입식하기 위해
지구 행성에서 인간의 외투를 입고
영혼의 물질 체험을 하고 있는 영혼 그룹들을 스타시드라고 합니다.

지구 행성의 차원상승 이후에도
스타시드 프로그램은 지속될 것입니다.
지속적인 스타시드 프로그램을 통하여
대우주의 7주기는
인간이 대우주의 우점종이 될 것입니다.
멸망한 행성들이 리셋될 때
영단이 폐쇄된 행성들이 리셋될 때
지구의 인간을 다른 행성에
지금 이대로 입식할 수는 없습니다.

그때를 위하여 다양하게 준비된
12종의 호모 사피엔스에
10가지 유형을 가진 호모 사피엔스종이 추가되어
22종류의 호모 사피엔스 변종이 탄생되었습니다.

그때를 위하여 우주 곳곳에서 초청된 영혼들이
스타시드로 참여하여
22종류의 호모 사피엔스의 옷을 입고 실험에 참여하였습니다.
대우주에 아담과 이브 프로젝트를 통하여
1차적으로 22종의 호모 사피엔스 변종들이
행성의 자연 환경에 맞추어
영혼의 파장에 맞추어 입식될 예정입니다.

22종의 호모 사피엔스 변종들이
스타시드를 통한 다양한 실험들을 통해 탄생되었습니다.
아담과 이브 프로젝트를 통하여
호모 사피엔스의 변종들이
그 행성에 최적화되어 입식될 예정이며
대우주 곳곳에 뿌려질 예정입니다.

영혼들 중에는
영혼이 물질 체험을 위해
반드시 입어야 하는 외투(육신)를 결정하기 위한 실험에 참여하는
전문 그룹들이 있습니다.
영혼들 중에는
영혼에 최적화된 외투를 개발하고
외투에 최적화된 정보들을 수집하고
외투에 최적화된 실험 데이터를 확보하기 위한
실험에 참여하는 전문 그룹들이 있습니다.
이것을 위해 지구 행성에 살고 있는 이들을 스타시드라고 합니다.

지구 행성에 입식된 스타시드들은
자신의 행성에서 입고 있는 외투가 아닌
호모 사피엔스(인간)의 외투를 입었을 때 나타나는
문제점과 개선점을 찾기 위한 실험들에 참여하고 있습니다.
지구 행성에 입식된 스타시드들은
22종의 호모 사피엔스의 변종들을 통해 실험 중에 있습니다.

지구 행성의 영단에 입식된 스타시드들을 통해
인간의 몸을 입었을 때
인간의 몸을 구성하는 무형의 기계장치들에 대한
다양한 실험들이 이루어졌습니다.

호모 사피엔스의 22개 변종을 통하여
호모 사피엔스종은 우주의 7번째 주기에 우점종이 될 예정입니다.
스타시드들이 22종류의 호모 사피엔스의
다양한 외투를 입어 보면서
인간의 옷을 입었을 때 생기는
다양한 변수들이 제거되었으며
다양성을 위한 다양한 실험들이 이루어졌습니다.

22종의 호모 사피엔스의 변종들에 대한
유전형질이 모두 정해졌습니다.
대우주에 뿌려질 호모 사피엔스의 외투 22종에
최적화된 영혼의 파장을 가진 스타시드들을 통한
실험들이 진행 중입니다.

스타시드들이 지구 행성에서 살면서
대우주에 보급되는 인간(호모 사피엔스)의
씨종자(스타시드) 역할을 하게 될 것입니다.

스타시드들이 이루어 놓은 성과들로 인하여
외계 행성에서 지구 행성에 들어올 때
영혼이 물질 체험을 위해 입어야 하는
최적화된 외투 22종이
완성되어졌음을 뜻합니다.
스타시드들이 이룬 성과들로 인하여
인간이 다른 행성에 입식이 될 때
그 행성에 최적화된 외투 22종이
준비되어졌음을 의미합니다.

대우주의 진화가 이루어지면서
22종의 외투들은 더 확대되어질 예정입니다.
스타시드들은
인류의 미래이며 우주의 미래입니다.

스타시드들은
지구 차원상승 과정에서
안전지대인 역장에서
하늘에 의해 철저하게 보호되고
안전하게 관리될 예정입니다.

스타시드들의 에너지 순수성을 보호하기 위해
스타시드들의 유전 형질을 보호하기 위해
안전지대인 역장에서 하늘에 의해
철저하게 보호되고 관리될 예정입니다.

지구 행성의 차원상승 후
지구 행성의 중심은 한반도가 될 것이며
새로운 정신문명의 발상지가 될 예정이며
새로운 정신문명의 중심지가 될 예정입니다.

지구 행성의 차원상승 후
지구 행성은 7번째 주기의 종자행성이 될 예정이며
지구 행성은 대우주의 중심인 자미원이 될 예정입니다.
지구 행성은 스타시드 프로그램을 통해
호모 사피엔스의 고향별이 될 것입니다.
지구 행성은 스타시드 프로그램을 통해
인간에 대한 모든 정보를 가지고 있는
우주의 도서관이 될 것입니다.

지구 행성에 들어와 살고 있는
스타시드들의 건승을 빕니다.

행성 가이아 의식에 대한 정리

행성에 펼쳐지는
행성의 문화와 문명의 특징을 결정하는 것은
행성의 가이아 의식입니다.
행성에 펼쳐지는
물질문명의 성격과 다양성을 결정하는 것은
행성 가이아 의식의 차원입니다.
행성에 펼쳐지는
정신문명의 성격과 내용을 결정하는 것은
행성 가이아 의식에서 제공되는 의식의 내용에 의해 결정됩니다.

행성에 펼쳐지는 다양한 차원과 다양한 문화는
행성 가이아 의식에서 공급되는 의식의 차원에 따라 결정됩니다.

행성들은 모두 행성 가이아 의식을 가지고 있습니다.
행성 가이아 의식은 물질계를 모두 품을 수 있어야 합니다.
행성 가이아 의식은 13차원과 15차원과 17차원의
행성 가이아 의식으로 구성되어 있습니다.

행성 가이아 의식들은 각 차원별로
1단계에서 15단계로 되어 있으며
행성 가이아 의식의 진화를 통해 행성들은 진화하게 됩니다.

행성 가이아 의식에서 공급되는
에너지의 진동수에 따라
행성에 살고 있는 생명체의 생명력들이 결정됩니다.

행성 가이아 의식에서 공급되는
의식의 스펙트럼에 따라
행성에 살고 있는 생명체들이 구현할 수 있는
감정과 의식의 스펙트럼이 결정됩니다.

행성 가이아 의식의 차원이 높을수록
행성의 수용능력이 증가하게 됩니다.
행성 가이아 의식의 차원이 높을수록
행성에 입식할 수 있는 생명체들의 종류가 많아집니다.
행성 가이아 의식이 높을수록
행성에 입식된 생명체들이 높은 의식을 구현할 수 있습니다.

행성의 진화 로드맵은
행성 영단 관리자들에 의해 짜여집니다.
행성의 운영과 관리는
행성 영단 관리자들에 의해 이루어집니다.
행성 영단 관리자들은 보이지 않는 세계에서
행성의 진화 로드맵을 작성하고 운영하며
자신의 행성에 중요한 인물로 육화하여
행성을 운영하고 관리하고 있습니다.
행성의 영단을 영계라고도 하며 5차원에 해당됩니다.

행성 가이아 의식에 맞는 광물들이 행성 영단을 통해 입식됩니다.
행성 가이아 의식에 맞는 식물들이 행성 영단을 통해 입식됩니다.
행성 가이아 의식에 맞는 동물들이 행성 영단을 통해 입식됩니다.
행성 가이아 의식에 맞는 영혼들이 행성 영단을 통해 입식됩니다.

행성의 가이아 의식은
행성의 내부핵에서 행성 곳곳에 공급되는 에너지를 말합니다.
행성의 가이아 의식은
행성의 내부핵에서 행성에 살고 있는 생명체에게 공급하는
의식을 말합니다.

행성 가이아의 의식이 높을수록
행성에서 펼칠 수 있는 물질 체험의 난이도를 높일 수 있습니다.
행성 가이아의 의식이 높을수록
행성에서 펼칠 수 있는 물질세계의 다양성을 확보할 수 있습니다.
행성 가이아의 의식이 높을수록
높은 진동수를 가진 생명체들을 행성 영단에 도입할 수 있습니다.

행성 가이아 의식의 차원에 의해
행성의 물리적 환경 시스템이 결정됩니다.
하나의 행성이 행성으로서 제대로 역할을 하려면
그 행성에 생명체를 입식하고 길러내고
생명체의 생로병사의 주기들을 관리할 수 있는
시스템이 있어야 합니다.

행성 가이아 의식을 비유적으로 설명하면 다음과 같습니다.
행성의 가이아 의식은
영혼의 물질 체험을 하는 영혼들이
마음껏 뛰어 놀 수 있도록 하는 연극 무대에 비유할 수 있습니다.

행성의 영단은
연극무대에 등장하는 등장인물들과
등장인물들을 관리하는 관리자에 비유할 수 있습니다.

행성 가이아 의식은
행성의 생명 순환 시스템과 연결되어 있습니다.
행성 가이아 의식은
행성의 영단 시스템을 통해
행성에 살고 있는 생명체에게 양백줄을 통해
의식을 공급하고 있습니다.

행성 가이아 의식 안에는
행성에 대한 모든 정보들이 집적되어 있습니다.

행성 가이아 의식의 특징은 다음과 같습니다.

첫번째

행성 가이아 의식에는
행성의 생명유지 시스템과
행성의 자연 순환 시스템들이 들어있습니다.

행성 가이아 의식안에는
행성의 중력을 일정하게 관리하고
행성의 자기장을 일정 수준에서 관리하고
행성의 산소 농도를 일정하게 유지하고
행성의 대기 환경들을 일정하게 관리하는 시스템들이
행성 가이아의 의식과 연결되어 있습니다.

두번째
행성 가이아 의식에는
행성의 진화 로드맵이 포함되어 있습니다.
행성 가이아 의식 안에는
행성에서 펼쳐진 물질문명과 정신문명의 원형들이 담겨져 있습니다.

현재 인류의 의식 수준으로 이해할 수는 없지만
행성 가이아 의식에는
행성에서 하늘의 일을 하고 있는 천사들에게 공급해줄 수 있는
에너지와 의식이 저장되어 있습니다.

세번째
행성 가이아 의식 안에는
행성에 살고 있는 생명체들에게 공급할
다양한 감정과 다양한 의식들을 포함하고 있습니다.

행성 가이아 의식은 행성마다 다릅니다.
행성 가이아의 의식은 창조주에 의해 부여됩니다.

행성 가이아 의식은
창조주에 의해 엄격하게 보호되고 있으며 관리되고 있습니다.

행성의 진화가 시작되면
행성 가이아 의식을 변경하는 것은 매우 어려운 일입니다.

생명체가 살고 있는 행성에
행성 가이아 의식을 변경하는 일은 매우 어려운 일입니다.

행성 가이아 의식의 변경은
행성의 소주기나 대주기가 끝나는 시점이나
행성이 리셋될 때 일어나는 것이 일반적입니다.

행성 가이아 의식의 급격한 변경은
생명체의 멸종이나 행성의 대격변을 의미합니다.

행성 가이아 의식의 변경은
행성의 격변이 발생하거나
행성의 자연환경들을 리셋하거나
행성의 진화가 멈춘 경우나
행성이 멸망한 특수한 경우가 아니라면 일어날 수 없습니다.

행성의 가이아 의식의 변경은
대우주의 주기가 새롭게 시작되는 경우에 한해
창조주의 의지에 의해서만 재조정될 수 있을 뿐입니다.

행성의 가이아 의식은
그 행성을 창조한 목적에 맞도록 운영되기 때문에
행성을 창조한 창조주만이
행성 가이아 의식을 변경할 수 있을 뿐입니다.

행성 가이아 의식이 변경되기 위해서는
행성에 설치된 수많은 봉인들이 해제되어야 하며
오직 창조주에 의해서만 가능합니다.

대우주의 7번째 주기를 열기 위해
지구 행성의 차원상승을 위해
지구 행성에 물질세계의 자미원을 건설하기 위해
생명체가 살고 있는 지구 행성의 가이아 의식의 전환이
지상으로 내려오신 창조주의 중심의식에 의해
이루어지고 있음을 전합니다.

지구 행성의 가이아 의식 중 하나인
가이아의 게(Ge) 에너지가
17차원 의식에서 18차원 의식을 거쳐
19차원의 의식으로 전환되었습니다.

지상으로 내려온 창조주의 중심의식에 의해
지구 행성의 로고스에 해당되는 행성 가이아 의식이
17차원 붓다 의식에서 18차원의 의식을 거쳐
19차원의 창조주 의식으로 전환되었습니다.

지구 행성 가이아 의식의 전환은
지구 행성의 생명유지 시스템의 변화를 의미합니다.

지구 행성 가이아의 19차원으로의 전환과 함께
지구 행성 가이아 의식과 연결된 지구 행성의 시스템들이
순차적으로 전환되었습니다.

눈에 보이지 않는 세계에서
이 모든 것이 일어나고 있습니다.
눈에 보이지 않는 세계에서의 변화가 완료되고
색의 세계에 드러나게 될 때에
이것을 누군가는 격변이라고 하고
이것을 누군가는 새 하늘과 새 땅이라 하고
이것을 누군가는 개벽이라고 하였습니다.

지금 무슨 일이 일어나고 있는지
지상으로 내려오신 창조주의 중심의식들에 의해
지금 보이지 않는 세계에서 무슨 일이 일어나고 있는지
우데카 팀장이
기록의 필요성이 있어 이 글을 남깁니다.

지축이 23.5도 기울어진 이유

하늘이 지구 행성으로 수도를 천도하는 것을
대우주의 지축이동이라고 합니다.

대우주를 운영하는 중심축이
무극의 자미원에서 지구 행성으로 영점조정이 이루어지는 것을
대우주의 지축이동이라고 합니다.

대우주의 주재자이신 창조주께서
후천의 시대를 열기 위해 지구 행성으로 내려오시는 것을
대우주의 지축이동이라 합니다.

선천의 하늘이 있는 곳인 무극의 자미원과
후천의 하늘이 있는 곳인 지구 행성 사이의
좌표의 각도가 23.5도입니다.

선천의 시대에 창조주께서 계신 자미원과
후천의 시대에 창조주께서 계실 지구 행성 사이의
차원간 공간의 기울기가 23.5도입니다.

하늘의 시스템들이 땅으로 안전하게 내려오기 위하여
우주의 차원간 공간을 저항없이 최단기간에 통과할 수 있는

최적화된 기울기가 23.5도입니다.

선천의 시대에 펼쳐진 우주의 모순을 극대화하여
새로운 후천의 세상을 열기 위해
감옥행성과 종자행성을 운영하기 위한
최적화된 지구 행성의 지축의 기울기가 23.5도입니다.

빛과 어둠의 양극성을 실험하기 위하여
빛이 견딜 수 있는 어둠의 최고 임계점이 23.5입니다.

지구 행성의 진화 로드맵이 담긴 코드 중에 23.5코드에
지축의 정립이 예정되어 있습니다.

창조주의 수도 천도 계획에 의하여
자미원에서 23.5도 떨어진 곳에 지구 행성을 배치하였습니다.

창조주의 수도 천도 계획에 의하여
자미원을 중심축으로 네바돈 은하내에서
23.5가 가지고 있는 상징성이 있는 위치에
지구 행성을 배치하였습니다.

창조주의 수도 이전 계획에 의하여
빛과 어둠의 양극성의 실험을 마무리하고
빛과 어둠의 통합을 위하여 자미원에서 23.5도에 위치한 곳에
지구 행성의 지축의 기울기를 23.5도로 셋팅하여 배치하였습니다.

창조주의 수도 이전 계획에 의하여
대우주의 중심이 이동되는 대우주의 지축이동과
지구 행성의 지축이동이 연동된 테라 프로젝트가
23.5도가 가지고 있는 대우주의 비밀입니다.

창조주의 수도 이전 계획에 의하여
23.5도가 가지고 있는 상징성을 기반으로
23.5도 떨어진 위치에
23.5도 지축이 기울어진 지구 행성이 배치되었습니다.

대우주의 지축이동과 지구 행성의 지축의 정립 프로젝트는
서로 연관되어 있습니다.

대우주의 지축이동의 완성은
지구 행성의 지축의 정립으로 완성이 됩니다.

대우주의 지축이동이 완성된다는 것은
지구 행성이 대우주의 중심이 되는
물질세계의 자미원의 시작을 의미합니다.

대우주의 지축이동이 완성된다는 것은
창조주께서 육신의 옷을 입고
지구 행성에서 대우주를 통치하는
신정정치의 시대가 시작됨을 의미합니다.

지구 행성의 지축의 정립은
하늘의 치밀한 계획 속에서
아무도 모르게
아무도 모르게 진행 중에 있음을 전합니다.

지금은 대우주의 지축이동이 일어나고 있는
개벽이 진행 중입니다.
지금은 지구 행성에서 23.5도 기울어진
지축의 정립이 일어나고 있는 개벽이 진행 중입니다.

후천의 시대는 지구 행성에서 지축의 정립과 함께
시작될 것입니다.

이제는 시절인연이 되어
우데카 팀장이 23.5도에 숨겨진 대우주의 비밀을 전합니다.

땅이 하늘이 된다는 것이 갖는 의미

땅이 하늘이 된다는 것은
땅으로 내려온 18차원의 천지인 삼황의 창조주의 중심의식이
19차원의 진공묘유(眞空妙有)에 계시는
온전한 창조주 하나님의 의식으로 흡수 통합됨을 의미합니다.

땅이 하늘이 된다는 것은
땅으로 내려온 18차원의 천지인 삼황의 하늘의 시스템들이
삼황합도(三皇合道)와
삼황합덕(三皇合德)과
삼합일도(三合一道)의 과정을 거쳐
19차원의 진공묘유의 시스템들로 전환됨을 의미합니다.

땅이 하늘이 된다는 것은
대우주의 역사가 시작되기 전부터
진공묘유의 세계에 존재하고 계시던 온전한 창조주 하나님께서
육신의 옷을 입고 땅에서 완성된 진공묘유 시스템을 통하여
대우주를 직접 통치한다는 것을 의미합니다.

땅이 하늘이 된다는 것은
18차원의 천지인 삼황의 창조주에 의해 운영되던
선천의 하늘이 마감됨을 의미합니다.

땅이 하늘이 된다는 것은
19차원의 진공묘유에 계시던
온전한 창조주 하나님께서
육신의 옷을 입고 대우주를 통치하시는
후천의 하늘이 시작됨을 의미합니다.

땅이 하늘이 된다는 것은
진공묘유의 법칙과
진공묘유의 빛으로
육신의 옷을 입은 온전한 창조주 하나님께서
만왕의 왕으로써 말법 시스템을 통하여
대우주를 직접 운영한다는 것을 의미합니다.

땅이 하늘이 된다는 것은
육신의 옷을 입은 온전한 창조주 하나님이 펼치시는
인황의 시대가 시작되었음을 의미합니다.

땅이 하늘이 된다는 것은
육신의 옷을 입은 창조주와
육신의 옷을 입은 인간 천사들이
물질세계에서 동행이 시작되었음을 의미합니다.

땅이 하늘이 된다는 것은
물질세계로 내려오신 창조주께서 머물고 있는 지구 행성이
대우주의 중심이 되었다는 것을 의미합니다.

땅이 하늘이 된다는 것은
물질세계로 내려오신 창조주께서 머물고 있는 지구 행성이
물질세계를 여행하는 모든 영혼들이 반드시 돌아와야 하는
고향집이 되었다는 것을 의미합니다.

땅이 하늘이 된다는 것은
한반도가 지구 행성의 중심이 되는
가온누리의 중심이 된다는 것을 의미합니다.

땅이 하늘이 된다는 것은
지구 행성이 대우주의 중심이 되는
한울가온의 중심이 된다는 것을 의미합니다.

땅이 하늘이 된다는 것은
우리 은하인 네바돈 우주가
중앙 우주가 된다는 것을 의미합니다.

땅이 하늘이 된다는 것은
육신의 옷을 입은 온전한 창조주 하나님의 나라가
땅에서 시작됨을 의미합니다.

대우주의 기쁜 소식을
우데카 팀장이 전합니다.

2023년 2월
우데카

창조주 하나님의 꿈

2023년 7월 20일 초판 1쇄 인쇄
2023년 8월 15일 초판 1쇄 펴냄

지은이 | 우데카
펴낸이 | 가이아

펴낸곳 | 빛의 생명나무
등　록 | 2015년 8월 11일 제 2015-000028호
주　소 | 충북 청주시 청원구 직지대로 855 2층
전　화 | 043-223-7321
팩　스 | 043-223-7771

ISBN 979-11-89980-17-7 03200
• 잘못된 책은 바꾸어 드립니다.　• 책값은 뒤표지에 있습니다.

이 책은 빛의 생명나무 회원인 신의선물님의 후원을 통해 출판되었습니다.